KB074267

문화재의 개념

이 저서는 2014년도 정부(교육과학기술부)의 재원으로 한국연구재단의 지원
을 받아 수행된 연구임(2014S1A3A2044638)

La notion du patrimoine

문화재의 개념

앙드레 샤스텔 · 장 피에르 바블롱 지음 김예경 옮김

아모르문디

저자 서문

오늘날 우리가 이해하는 공식적인 언어와 보편적인 용법에서 문화재라는 개념은 매우 최근에 탄생한 것이며, 필연적으로 모호하게 과거의 모든 자산과 모든 '보물'을 망라한다. 사실 이 개념은 구분하는 편이 유용할 수 있는 여러 중첩된 층들을 내포한다. 왜냐하면 프랑스의 영토와 재산, 과거에 대한 프랑스적인 감수성의 길고 혼란스러운 역사 끝에 생겨난 개념이기 때문이다. 여기서 우리는 여러 텍스트와 이따금 알려지긴 했으나 대체로는 잊힌 역사적 자료들을 발판 삼아, 문화재라는 개념의 기원과 토대 및 그와 관련된 것을 탐색하고자 한다. 인용문과 삽입된 문장들은 그 과정에서 다소간 다행스럽거나 혹은 거슬리는 일화들을 환기시켜 줄 것이며, 거기에는 선조들로부터 오늘날까지 이어지는 내용이 담겨 있다.

앙드레 르루아 구랑의 뛰어난 연구가 지적하듯이, 선사시대부터 모든 사회에는 즉각적인 유용성의 법칙을 벗어나는 특정한 사물과 장소, 물질적 소유물들을 다루도록 종용하는 신성의 의미가 개입되어 있다. 가족의 수호신인 라르(lar, 흔히 복수형 라레스(lares)로 쓰임)와 도시의 수호신인 팔라디온(palladium) 신상의 존재는 문화재의 기원이나 근본과 관련된 의미에서 재조명해야 한다. 여러 이유로 노후화와 치명적인 파괴를 모면하여 종국에는 특별한 위엄을 갖추고 열정적인 애착과 나아가 진정한 숭배를 불러일으키게 된 몇몇 일용품과 무기, 보석, 심지어 건축물들의 운명도 그와 연관시켜 보아야 한다. 인류 발전의 역사는 죽은 자들을 대하는 태도와 관련이 있으며 (여기서는 매장과 관련해서만 죽은 자들을 다루었다), 또한 자연의 숙명을 벗어날 자격이 있는 특권적 사물에 관한 태도와 규칙과도 관련이 있다. 법률적인 정의보다는 바로 이런 총체적인 현상으로부터 출발하여 역사적인 관점을 고찰해야만 한다. 이러한 관점은 여섯 개의 역사적 계기를 내포하며, 그 여섯 가지는 바로 이 복잡한 현실 세계의 구성 요소이기도 하다.

장 피에르 바블롱 · 앙드레 샤스텔

Contents

1. 종교와 문화재

우리는 그리스도교 문명권에서 문화재의 개념이 그 뿌리를, 또는 최소한 그 본보기를 신앙의 신성한 유산이라는 그리스도교 개념에서 취하지 않았는지 자문해 보아야 한다. 본질적으로 '보존적인' 성향을 지닌 가톨릭교회는 특권적인 사물들에 관한 숭배를 명확히 하였다. 모세의 율법은 이미 십계명 율법판과 예루살렘 사원 안에 보존된 노아의 방주를 통해 신성한 언약을 물질화하였다. 이러한 신성한 언약에 대한 기억을 고스란히 간직한 채, 그리스도교 세계는 이번엔 그리스도의 강생(降生)을 정당화해 주는 물질적 근거들을 놀랍도록 발전시켰다. 구유 속 배내옷에서 가시 면류관에 이르기까지 그리스도의 지상 체류를 드러내는 가능한 모든 증거들은 어김없이 탐구와 숭배의 대상이 되었다. 그리하여 소멸되기 십상인데도 대대로 조심스럽게 보존해 온 사물들의 거대하고 반복적이며 종종 모순적이지만 전설적인(그것은 중요치 않다) 자산이 형성되었다. 나아가 그리스도교는 끊임없이 새로워짐에도 동일성을 유지하는 어떤 '회상록'이 신의 아들의 지상 생애와 관련한 성유물보다 더 소중하게 '성찬형색(빵과 포도주)' 안에 '보존되어' 있음을 가르친다. 이러한 신앙의 '실물 교재'들은 오로지 그 종교적 가치를 이유로 보존되어, 대대로 전승된 인류 공동의 소유물이란 의미에서 일거에 인류의 문화재로 편입된다.

성유물(聖遺物)

성유물에 대한 인증이 야기하는 법률적인 문제와 성유물에 대한 숭배는, 그 또한 법률적인 용어인 '문화재'[1]라는 단어의 암시적 의미에 완벽히 부합한다.[2]

이 최초의 문화재 형태는 역설적이게도 오늘날 우리의 문명에서 점차 사라져 가는 추세이다. 성유물들은 이미 16세기에 신교와 구교

---

1) [역주] 프랑스어에서 'patrimoine'라는 단어는 세습 재산, (문화적이고 정신적인) 유산, 자산 또는 재산을 뜻하며, '나라의 공동체적 문화유산'이라는 의미로도 사용된다. 이 책에서는 3장을 제외하고 모두 문화재로 옮겼다.

2) 이 문제는 최근 한 법학 박사 논문에서 연구되었다. Nicole Herrmann-Mascard, *Les Reliques des saints. Formation coutumière d'un droit*, Paris, 1975.

의 종교개혁에 의해 시작된 과정에 따라 점진적으로 종교 의식과 '전시'에서 제외되고, 숨겨지고, 때로는 부정되었다. 성유물의 사회적 지위는 이미 소유물이라는 용어로 규정되었다. 원래는 세속의 것이었던 종교적 장소들을 상속받은 가톨릭교회는(중세의 '후원'법은 여기서 최후를 맞이한다) 성유물이 가장 번성하던 시절(4~11세기)이나 그 이후 성유물의 '부족'으로 온갖 탐욕과 분할, 절도와 매매가 횡행했던 시기에도 수없이 성유물들에 관해 법률적인 지위를 규정하려 시도하였다. 성 아우구스티누스도, 교황들도, 공의회도 이 부분에 대해서는 일관된 교의를 갖지 못하였으며, 이는 곧 교회의 관심사들이 자주 모순적이었음을 나타내는 징후이기도 하다. 교회는 개인들이 성유물을 소유하고 사적으로 숭배하도록, 예를 들어 4~5세기의 귀족들처럼 당시 매우 흔했던 조그만 함에 넣어 몸에 지니고 다닐 수 있도록 허락해야만 했을까? 사람들은 성유물을 상품처럼 사고 금괴처럼 팔 수 있어야 했을까? 아니면 성유물을 종교의식을 위한, 당연히 양도할 수 없는 장소에 보관함으로써 전적으로 그리스도교 공동체를 위한 자산으로만 간주해야 했을까? 공의회의 법령들은 단 한 번도 이러한 교의들을 한쪽 입장에서 명확히 선포한 적이 없었다. 심지어는 가장 모순적인 사용법이 동시에 허용되고 권고되기도 하였다. 변하지 않은 것은 성유물에 대한 가톨릭교도들의 애착이었다. 일찍이 성 아우구스티누스는 전적으로 세습 유산이란 개념에 의거하여 성유물을 조상들의 기념물에 비유하였다.

작고한 이들의 육신, 특히 독실하고 신앙심 깊은 이들의 육신, 성령이 그 올바른 구현을 위해 신체 기관과 도구처럼 사용했던 이들의 육신을 업신여기거나 존중 없이 함부로 다루지 말아야 할 것이다. 실제로 아버지의 외투와 반지, 이와 동일한 종류의 다른 사물들은 아버지에게 크나큰 애정을 지녔던 자식들에게는 너무나도 귀중한 것이다.(『신국론』, 1.I, c.13)

바람직하게도 위대한 역사가들이 명확히 보여 주었듯이, 중세 초기의 성유물에 관한 종교 의식을 알지 못하고서는[3] 성소(聖所)의 창조와 배치 및 변화, 그리고 성지 순례에 관한 자각을 이해할 수 없을 것이다. 교회의 보물인 성유물은 물질적인 풍요의 원천이 되고, 지역의 교회를 성스럽게 하고 명성을 확고히 해 준다. 성유물을 획득하기 위한 모든 방법은 옳았으며, 이는 (교회법 학자들의 학설이 어떻든 간에) 결국엔 그 방법들이 독실한 신도들의 영적인 선행에 의해 정당화되었기 때문이다. 게다가 그중 가장 부정한 방법들은 애호가들 사이에서 가장 어렵고, 또 성인들의 유해와 관련하여 최상의 것으로 여겨졌다. 왕이나 교황 같은 고위층 인물에 의해 교회에 봉헌된 성유물은 언제나 그 진위성을 의심할 만하다.(그들이 왜 진짜 성유물을 포

---

3) 특히 다음을 참고할 것. André Grabar, Martyrium, *Recherches sur le culte des reliques et l'art chrétien antique*, Paris, 1946.

기하겠는가?) 반면 성소에서 전통적으로 경배받으며 은닉되어 있던 성유물들은 훨씬 더 믿을 만하다. 냉소적이지만 피할 수 없는 이러한 고찰은 11세기 생미엘 수도원장이었던 낭테르에 의해 이루어졌다. 그는 로마 순례길에서 교황 스테파노의 성유물 매입 권유를 거절하고는, 지하 묘지로 가서 성 갈리스토의 유해를 훔쳐 수도원이 있는 베르됭으로 모셔 왔다. 우리는 이와 같은 종교적 도벽에 관한 가장 유명한 일화들을 알고 있다. 이집트 알렉산드리아에서 복음서의 저자인 성 마르코의 유해를 탈취한 베네치아 상인들과, 로마에서 성 베네딕트의 유해를 훔친 프랑스의 플뢰리쉬르루아르 수도사들[4]의 일화가 바로 그것이다. 성왕 루이와 콘스탄티노플의 보두앵 2세는 공의회의 권고에도 아랑곳하지 않고 예수가 못 박혔던 십자가 나무와 가시 면류관의 점유 문제를 놓고 협상을 벌였는데, 이는 국제적인 은행의 자금 교환이라는 명목으로 이루어진 일이었다.[5]

---

4) [역주] 7세기 중엽 프랑스 플뢰리쉬르루아르 수도원장이었던 모몰은 베네딕트 성인의 신비적 환시를 경험한 후 수도사 중 한 명인 에귈프로 하여금 이탈리아에 묻혀 있는 베네딕트 성인의 유해를 수도원으로 모셔 오도록 하였다. 이에 에귈프는 베네딕트 성인과 함께 묻힌 누이동생 성 스콜라스티카의 유골을 프랑스로 모셔 오길 원하는 르망 지역의 수도사들과 함께 로마로 향했다. 6세기 중엽에 사망한 베네딕트 성인의 유해는 그가 로마 남쪽 몬테카시노 지역에 설립한 수도원의 세례자 요한 성당에 묻혀 있었다. 그러나 수도원 구역은 롬바르드족의 침입으로 폐허로 변해 버렸고, 베네딕트 성인의 유해가 있는 묘소는 파손된 채 오랫동안 방치되어 있었다. 이곳에서 에귈프 일행은 베네딕트 성인과 스콜라스티카 성녀의 유해를 찾아냈고, 교황의 반대에도 불구하고 두 성인의 성유골을 가지고 플뢰리로 돌아온다.

우상화와 맹신의 위험 속에서도 숭배는 지속되었다. 신학자들이 성인들의 공덕에 관한 명상과 그들의 중재자로서의 부름에 대해서만 숭배를 제한하려 갖은 애를 썼지만, 성유물은 대중의 강렬한 경애심에 힘입어 빠르게 평신도 공동체인 본당, 도시, 공국, 국가의 가장 귀중한 문화재가 되었다. 파리의 본당들은 공식적인 경우에 그들이 소유하고 있는 성인들의 유해를 든 행렬을 내보냈으며, 파리의 첫 번째 수호자이자 최고 성인인 성녀 주느비에브 앞에 만인이 머리를 조아렸다. 콩크의 성녀 푸아, 투르의 성인 마르티노, 방돔의 성녀 라름, 그리고 이들만큼이나 명성을 누린 수많은 다른 성유물들을 이야기하는 것은 곧 신성한 물건과 성유물함에 대한 지역민들의 열정 어린 애착

---

5) 궁지에 몰린 보두앵 2세는 가시 면류관을 매각할 계획을 세웠다. 프랑스의 왕 생루이 (루이 9세)는 이것을 크게 문제 삼지 않았는데, 그 이유는 1238년 보두앵 2세에게 막대한 돈을 빌려주는 대가로 그가 소유한 가시 면류관을 저당 잡히게 했기 때문이다. 하지만 그 면류관은 선수를 친 베네치아인들의 수중에 넘어가 있었고, 루이 9세는 베네치아 공화국의 은행가들에게 배상을 하였다. 1215년 제4차 라테라노공의회의 제62법령은 고대의 성유물을 유물함 밖으로 노출하여 경매하는 것을 금하고 있었다. 이 법령은 1186년의 전서를 계승하였고, 1917년에 출판된 교회법은 그것을 다시금 계승한다. A. Frolow, *La Relique de la Vraie Croix*, Paris, 1961을 참고할 것. [역주] 보두앵 2세는 비잔티움에 건설된 라틴 제국의 마지막 황제로, 영토가 극도로 줄고 국고가 바닥난 제국을 살리기 위해 서유럽으로 건너가 자금과 군사 원조를 요청했다. 이때 그는 콘스탄티노플에 보관되어 있던 예수의 가시 면류관을 베네치아 인들에게 담보로 잡혔고, 변제 능력이 없는 보두앵 2세를 대신해 루이 9세가 1238년 막대한 금액을 은행 측에 변제한 후 이 성유물을 프랑스로 가져와 파리의 생트샤펠 성당에 보관하게 했다. 그는 콘스탄티노플에 보관되어 있던 예수가 못 박혔던 십자가 일부와 못을 비롯한 여러 성유물도 보두앵 2세로부터 구입했다.

13

을 환기시키는 것이다. 이러한 애착은 순전히 종교적인 감정을 넘어 공동체에 그 정체성의 유일한 상징을 제공해 주기에 이른다. 종교적인 숭배는 이와 같이 문화재의 근간을 이룬다.

성유물과 더불어 사람들이 가장 오래된 기원을 지녔다고 즐겨 생각해 온 몇몇 성상은, 현재를 고대와 연결하고 그 기원이 그리스도교에 있으리라는 예감과 결부시켜 줌으로써 성유물 못지않은 숭배를 받는다. 드루이드[6] 시대부터 1793년 불에 던져질 때까지 교회 지하 납골당에 안치되어 숭배받았다고 믿어지는 샤르트르의 성모상과 클레르몽페랑의 성모상, 그리고 성왕 루이 시대부터 전해 온다고 여겨지는 퓌이의 성모상과 같은 검은 성모상들이 바로 그 예이다. 퓌이의 성모상은 햇볕에 그을린 듯한 짙은 구릿빛 색채가 잘 드러내 주듯이 아마도 성왕 루이가 이집트의 이슬람 군주로부터 받은 선물일 것이다. 경이롭고 기묘한 것은 익숙한 것보다 더 큰 가치를 지닌다.

사람들은 지속적으로 성소를 늘리고 변화시켜 왔으나, 많은 경우 앞서 형성된 성소들의 조각물을 보존할 방법을 찾기도 하였다. 기존의 것에 경의를 표하는 이러한 태도는 트리엔트 공의회를 통해 재차 강조되었다. "우리는 예수 그리스도, 성모 마리아, 다른 성인들의 성상을 원칙적으로 교회 내부에 소유하고 보존해야 하며, 그에 합당한

---

6) [역주] 드루이드승 또는 신관(神官)은 고대 프랑스 켈트족(갈리아족) 사회에서 종교, 교육, 사법 등의 일을 복합적으로 맡아 행하던 사제이다.

영광과 숭배를 바쳐야 한다.”(제25차 회기, *De Sacris imaginibus*). 성소의 정문 현관을 파괴해야 할 경우, 몇몇 조각상은 부수기보다는 그 자리에 묻어 두는 일이 빈번했다. 덕분에 우리는 1950년 파리의 생제르맹 록세루아 성당 바닥에서 한때는 정면 현관의 기둥을 장식했을 성 주교의 조각상을 발견할 수 있었다.[7] 예전 정면 현관의 장식물들도 새로운 파사드에 붙일 수 있었다. 샤르트르에서는 1145년 서쪽 파사드에 조각으로 장식되었던 웅장한 현관이 50년이 지나 두 망루 사이로 새롭게 조성된 성당 정면에 보존되었다.[8] 파리의 노트르담에서는 12세기 중엽부터 초기 교회를 장식했던 성 안나의 정면 현관이 13세기 초에 새롭게 만들어진 파사드에 결합되었다.[9] 이러한 재활용은

---

7) 1796년 J.-B. 라카날이 쇼세당탱의 저택 안뜰에 묻어 놓은 파리 노트르담 성당의 장식물인 왕들의 두상도 유사한 경우이다. F. Giscard d'Estaing, M. Fleury et A. Erlande-Brandenburg, *Les Rois retrouvés*, Paris, 1977 참조. 스테인드글라스의 재활용에 대해서는 다음을 참고하라. Françoise Perrot, “Les travaux et leur destin”, *Monuments historiques*, n°107, 1980, pp.34~39.
[역주] 1977년 파리 시 9구 쇼세당탱 거리에 위치한 프랑스 대외무역은행 본부 재건 공사가 시작되었을 때 300점이 넘는 조각상이 발견되었다. 프랑스 혁명 당시 파리 시민들은 노트르담 대성당 파사드의 ‘왕들의 회랑’ 부분을 장식하던 유대 왕들의 두상을 파손했고, 장바티스트 라카날 뒤퓌제는 반달리즘에 의해 파괴된 조각들을 가져다 쇼세당탱 거리에 있는 자신의 저택에 묻었다. 현재의 연구로는 특별한 장소도 아닌 마구간 건물 기반에 묻힌 조각 잔해로 보아 결코 보존을 위해 묻은 것은 아닐 것이라고 추측한다.
8) 이러한 견해는 외젠 르페브르 퐁탈리(Eugène Lefèvre-Pontalis)가 1901~1903년도에 진행한 조사로 얻은 것이다.
9) 몽포콩(Montfaucon)과 르뵈프(Lebeuf) 같은 고대 역사가들이 간파한 이러한 재삽입

15

다른 시대의 조각상들에 관한 애착을 증명하며, 그 애착은 그러한 사물들에게 최초의 지위를 보장해 준다. 우리는 특권을 지닌 작품들을 향한 이러한 행동 양식의 표현을 끊임없이 발견한다. 그것은 공동체의 정신에 깊은 낙인을 찍어 놓았다. 교회의 사회적 영향력은 주기적으로 약화되기도 하였고, 관례는 사라져 민속의 요소가 되었으며, 신성한 사물을 둘러싼 맹신은 한낱 일화로 추락하기도 하였다. 대중의 비그리스도교화는 전통에 대한 망각을 이끌었고, 종교적 경이로움의 감정은 사라지기보다는 다른 것으로 대체된 것으로 보인다. 문화적 권위란 다만 우여곡절의 산물일 뿐일까?

성상파괴주의

반달리즘[10]과 그것이 불러일으키는 반작용은 어쩌면 여기서 필연적인 단계인지도 모르겠다.[11] 그 어떤 것도 특정한 몇몇 사물의 상징

의 문제는 자크 티리옹(Jacques Thirion)의 다음 글에서 명확해졌다. *Comptes rendus de L'Académie des inscriptions et belles-lettres*, 1970, pp.85~112. [역주] 성 안나의 정면 현관은 현재 노트르담 대성당 정면에 위치한 세 개의 입구를 의미하며, 뾰족한 아치형의 입구와 팀파눔 또한 매우 화려하게 조각되어 있다.

10) [역주] 문화나 예술을 파괴하려는 경향. 455년경 유럽의 민족 대이동 때 반달족이 로마를 점령하여 광포한 약탈과 파괴 행위를 한 데서 유래한다.

11) 이에 관한 정보는 지나치게 체계적이지만 그래도 항상 유용한 루이 레오(Louis Réau)의 저서에 수집, 분류되어 있다. Louis Réau, *Les monuments détruits de l'art français*, Paris, 1959, 2 vol. 이 책은 M. 플뢰리(M. Fleury)에 의해 개정증보판이 출판되었다. *Histoire du vandalisme*, Paris, Robert Laffont, 1994.

적 가치를 그보다 더 명료하게 드러내 주지는 못하기 때문이다.

지하수가 지상으로 다시 솟아나듯 주기적으로 재출현하는 현상이 있으니, 바로 성상파괴주의가 그것이다. 프랑스에 알려진 가장 난폭한 일화는 단연코 종교전쟁(위그노 전쟁)에 관한 것이다. 일부 산발적인 폭력 시도를 단행한 이후 1562년과 1563년에 신교도인 위그노들은 거세게 들고일어났다.[12] 그 파괴의 규모와 격렬함은 아직도 우리를 놀라게 할 정도다. 오를레앙의 대성당들은 순식간에 전부 풍경에서 사라졌고, 조각상들은 모두 훼손되거나 땅바닥에 내팽개쳐졌으며, 무덤들은 완전히 파손되고 성유물들은 불타거나 물속에 던져지거나 길가에 버려졌다. 마르틴 루터는 이렇게까지 요구하지는 않았으나, 츠빙글리[13]는 끔찍한 말로 이미 이러한 파괴들을 장려한 바 있었다. "우리가 그들의 둥지를 파괴할 때, 황새는 다시 돌아오지 않는 법이다."[14] 이것은 물론 종교적 '실물 교재'를 두고 행해진 구교도의

---

12) [역주] 구교인 가톨릭교회와 신교와의 대립은 16세기 중후반부터 전쟁의 양상을 띠게 된다. 프랑스의 위그노 전쟁, 네덜란드의 독립 전쟁, 30년 전쟁이 그러하다. 프랑스 왕국은 신교파의 위그노들과 잇따라 여덟 차례의 잔인한 시민전쟁을 치르게 된다.

13) [역주] 울리히 츠빙글리(Ulrich Zwingli, 1484~1531)는 스위스 신교도 종교개혁의 가장 중요한 인물이다. 성서만이 최종적 권위를 갖는다는 전제하에 1522년에 67개조를 공표하여 가톨릭교회의 여러 관행(교황, 사제 독신주의, 성상, 면죄부 등)을 반박하였다. 그의 반론은 로마 교회의 특사와 여러 사제들과의 토론을 통해 공론화되었고, 취리히 시의회가 마련한 이 토론에서 승리를 거둠으로써 스위스의 종교개혁에 박차를 가하게 된다.

14) 귀스타브 고트로(Gustave Gautherot)가 인용한 문장이다. *Le vandalisme jacobin*, Paris, 1914. 츠빙글리의 개혁은 1525년부터 취리히 교회의 유린으로 이어진다.

"우상 숭배적인" 숭상에 대한 반동이었다. 그러나 신앙을 정화하겠다는 의도에만 치우친 나머지, 이러한 종교적 사물들이 지닌 문화재적인 성격과 그 보호 필요성은 등한시되었다. 이런 면에서 일부 증언은 대단히 놀랍다. 콩동쉬르브즈에서는 위그노들이 대성당을 파괴할 것임을 알게 된 지역 주민들이 3만 리브르의 돈을 마련하여 몽고메리 백작[15])에게 지불함으로써 파괴의 위기에서 구해 냈다. 바자의 대성당과 관련해서도 같은 일이 벌어졌다. 이러한 금전적인 희생은 역사적인 유물을 구하기 위한 것이었을까? 다른 지역에서는 소멸될 위험에 처한 물건을 서둘러 멀리 보내기도 했다. 1562년 바이외 대성당[16]의 약탈이 벌어진 직후 성직자들은 마틸드 여왕의 자수를 지키기 위해 시 당국에 맡겼다.(1476년의 일람표는 이를 "영국에 대한 정복을 표현하는 그림과 작은 글씨들이 수놓인 매우 길고 좁은 천막"이라고 적고 있다.)

  17세기 초에 앙드레 뒤셴[17)]은 이교도들이 "성전에 피해를 입히지

---

15) [역주] 가브리엘 드 몽고메리(Gabriel I de Montgommery, 1530~1574) 백작은 근위대장이자 앙리 2세의 호위를 맡았던 인물이다. 1559년 앙리 2세의 상대로 마상 창 시합에 임했다가 실수로 앙리 2세의 눈을 찌르고 이어 왕이 낙마하는 사고가 일어났다. 이 사고로 치명상을 입은 앙리 2세는 열흘 만에 임종을 맞는다. 앙리 2세의 죽음을 겪은 후 구교도였던 몽고메리는 신교로 개종하여 위그노 전쟁에서 신교도의 편에서 참전했고, 결국 구교 측에 사로잡혀 참수되었다.
16) [역주] 노트르담 드 바이외 대성당은 프랑스 북쪽 노르망디에 위치하며 15세기에 완성된 로마네스크 고딕 양식의 건축물이다. 제1차 종교전쟁(1562~1563) 시기에 위그노의 공격을 받아 조각상과 성직자석, 오르간 및 성유물들이 파괴되었다.

않았으며 불가침한 곳으로 여겼다"는 점을 환기시키며 오를레앙 대성당[18]의 파괴를 규탄했다. 이러한 정보가 정확한 근거에 의한 것인가 하는 문제는 그다지 중요하지 않다. 중요한 것은 이것을 기점으로 불가침의 개념이 거대 건축물에 결부되었고 '문명'에 대한 논의가 생겨났다는 점이다.

사실 명확한 말로 표현되지는 않았지만, 이러한 불가침의 개념은 거대 종교 건축물과 관련하여 오래전부터 존재하였고 숭배가 찬탄으로 이어지게끔 해 주었다. 성지 순례길에 마주친 교회에서 순례자들은 기적 같은 '신비한 분위기(aura)'에만 매혹된 것이 아니었다. 그들은 한편으로는 아름다움이 불러일으키는 감정에, 다른 한편으로는 오래됨에 매혹되었으며, 이 두 가지 개념은 오늘날까지도 긴밀히 연

---

17) 앙드레 뒤셴(André Duchesne, 1584~1640)은 베튄 가를 비롯한 유명 가문의 혈통에 관한 역사를 써서 그들의 비위를 맞추면서 자유기고 역사가로 성공했다. 그가 쓴 책들은 다음과 같다. *Dessein de la description entière et accomplie du très florissant royaume de France*(1614), *Bibliothèque des auteurs qui ont escript l'histoire et la topographie de la France*(1618). 특히 그에게 큰 명예를 안겨 준 대표작으로 다음 전집이 있다. *Historiae Francorum Scriptores*, 5 vol.(1636~1649). 그가 쓴 『프랑스의 고대 유적들(Antiquités de la France)』은 생전에 여섯 번의 재판 인쇄가 이루어졌다.
18) [역주] 프랑스 중북부에 위치한 오를레앙의 대표적 성당인 생트크루아 대성당을 의미한다. 제2차 종교전쟁(1567~1568) 때 위그노에 의해 파괴되었다. 1568년 3월 23일 밤 성당에 침입한 위그노들은 수랑(성당 앞쪽 양쪽 날개 부분의 중앙 교차부)을 떠받치는 네 기둥을 파괴해 버렸고, 이는 교회의 일부를 제외한 건물의 붕괴(후진, 신랑, 종탑, 측랑 부분 등)를 초래했다.

결되어 있다. 기적(miracula)에서 경탄(mirabilia)으로의 전이인 것이다.[19] 몽생미셸 수도원에 있는 '경이로운' 건물에 대해 사람들은 이야기하지 않는가? '관광객을 끌어들이는' 반향을 이야기한 최초의 문헌들을 면밀히 검토해 본다면, 의미론적 분석을 통해 예술품이 불러일으키는 감정들의 성격과 그 변화를 규명할 수 있을 것이다.

경탄이란 용어가 표현하는 정서에 대해 고전기는 무감하지 않았다. 이러한 정서는 낭만주의자들에 의해 다시금 열정적으로 사용되었다. 경탄은 미적인 가치, 조형미와 장식미, 조화로움에 대한 단순한 감상을 넘어서 정신적 동요를 포함한 놀라움, 경의감에서 오는 두려움, 거의 공포라고 할 수 있는 감정까지 표현한다. 이러한 용어는 물론 특히 고딕 시대에 적용되었으며, 알다시피 고전 시대에까지 적용되었다. 로지에 신부는 이렇게 적었다.[20] "나는 노트르담에 들어갔다. 첫눈에 나의 시선은 굳어 버렸고, 나의 상상력은 공간의 넓이와 높이, 광대한 중앙 신랑(神廊)에 충격을 받았다. 이 장엄한 총체가

---

19) [역주] 라틴어 miracula와 mirabilia는 각각 '기적'과 '경탄을 자아내는 것 또는 경이로운 것'을 뜻하며 모두 mira, 즉 우리에게 찬미의 대상이 되는 것을 의미한다. miracula는 자연의 힘을 넘어서는 신의 힘을 지시하는 반면, mirabilia는 우리의 지식을 넘어서는 것을 의미하며 자연적인 것을 포함한다. 로마의 정치가이자 학자인 대(大) 플리니우스는 mirabilia를 건축물이 불러일으키는 경탄과 자연이 우연적으로 만들어 내는 경이로움을 나타내는 데 사용했다.

20) Abbé Marc-Antoine Laugier, *Essai sur l'architecture*, nouvelle édition, Paris, 1755. [역주] 예수교 소속의 로지에 신부(1713~1769)는 건축학자이며 『건축학 에세이』는 그의 대표작이다.

내 안에 일으킨 놀라움에 격앙된 채 나는 잠시 멈춰 있을 수밖에 없었다." 건축물이 대담하면 대담할수록 균형의 법칙에 더 도전하는 듯 보이며, 이제는 전통이 끊어진 신비한 기술자들이 만들어 낸 불가해한 작품처럼 보일 뿐 아니라 더욱더 경건한 찬미를 받는다.[21] 이러한 감정은 어떤 이치에 따른 것일까? 그 감정은 이 신부에게 또 다른 확실성을 부여해 주었고, 그는 어쩌면 이 놀라움과 두려움, 공포에 가까운 감정과 경탄을 동일시하였을 것이다.

근대적인 취향과 무관한 작품일수록 맹신적인 경의가 한층 더 강조되면서 집착 또한 강해진다. 낯설음과 기묘함은 여기서 어떤 힘, 즉 축적된 시간의 토대에서 비롯되며 여러 세대를 지배한 고안물을 암시할 때 의미가 있다. 중세의 몇몇 건축물은 축조할 당시부터 이미 만인의 찬양을 받았고, 고전주의 시대에도 여전히 찬양받았다. 가장 유명한 것은 아마도 파리의 생트샤펠일 것이다.[22] 파리의 노트르담

---

21) [역주] 파리의 노트르담 대성당은 북부 중세 고딕 양식을 대표하는 건축물 중 하나이다. 높은 첨탑과 천장, 큰 창문, 가벼운 기둥과 벽이 있는 고딕 건축물은 건축 기술의 획기적인 발전의 결과물이며, 그 구조물들은 무게 중심의 효과적인 분산과 불가해한 힘의 균형을 드러낸다.

22) [역주] 1246에 기공되어 1248년에 완성된 생트샤펠 성당은 루이 9세가 콘스탄티노플에서 구입해 온 성유물, 즉 예수가 십자가에 못 박힐 때 썼던 면류관과 십자가 조각 등을 보관하기 위해 국왕이 거처하던 왕궁 안뜰에 세워졌다. 생트샤펠은 고딕 대성당들에 비해 규모는 작으나 보석 같은 아름다움으로 프랑스 고딕 양식을 대표하는 건축물로 꼽히기도 한다. 화려한 내부 장식, 다채로운 빛깔의 스테인드글라스 등은 구조의 가벼움과 결합되어 경탄의 대상이 되어 왔다.

에 대해 그랬던 것처럼,[23] 이 "경탄할 만한 건축물"을 향한 지속적인 찬양은 가장 두드러진 예이다.(자료 1과 2 참고) '고딕의 재발견'[24]이라는 전시가 그 생명력을 드러내 준 중세 대건축물들을 향한 호의적인 태도를 바탕으로, "기술적 문화재"라 부를 수 있는 것이 무엇인지 고찰해 보아야 한다. 다시 말해 우리가 자주 지적했듯이 완전히 이해할 수 없는 것이 되어 버린 장식물을 제외하고 직공장들의 건축 방식을 탐구하고 고딕 건축 구조의 특성들을 평가해 보아야 한다는 것이다.[25] 중세 예술에 관심을 표명한 예로는 1677년 수도원장 마롤(『프랑스어를 위한 고찰』), 1737년 아메데 피에르 프레지에(『석재 절단

23) 최상급의 표현은 파리의 노트르담을 향한 평가에서도 지배적이다. "동정녀 마리아께 바쳐졌으며 그 아름다움으로 인해 다른 모든 것들을 넘어서는 이 사원에 대해 대체 무슨 얘기를 할 수 있을까?"(Antoine d'Asti, 15세기), "우리 눈앞에 펼쳐진 너무나도 호화로운 작품인 파리의 노트르담 교회"(Gilles Corrozet, 1532), "이 거대하고 놀라운 건축물과 견줄 수 있는 것은 세상에 없다."(Du Breul, 1608). P. M. Auzas, *Les grandes Heures de Notre-Dame de Paris*, Paris, 1951에서 저자에 의해 인용됨.
24) *Le "Gothique" retrouvé avant Viollet-le-duc*, Paris, hôtel de Sully, 1979~1980, 루이 그로데키(Louis Grodecki)가 책임 편집한 카탈로그.
25) 이 문제와 관련하여 최근 페루즈 드 몽클로(J.-M. Pérouse de Montclos)의 논문이 새로운 빛을 던져주었다. 또한 우리는 다음과 같은 니콜라 카트리노(Nicolas Catherinot)의 감상을 언급할 수 있다. "부르주의 생테티엔 대성당의 반아치형 걸침 벽은 너무나 길고 실처럼 늘어져 이 건축물의 기적적인 아름다움의 일부를 이룬다."(*Traité d'architecture*, Bourges, 1688). 이 부분은 다음의 책에서 인용되었다. Jean Hubert, "Archéologie médiévale", dans *Encyclopédie de la Pléiade, L'Histoire et ses méthodes*, 샤를 사마랑(Charles Samaran) 책임 편집, 1961, p.282.

이론과 활용』), 1741년 수플로(리옹 미술아카데미에서 낭독된 『고딕 건축에 관한 논문』), 1754~1758년 수도원장 르뵈프의 증언이 있다. 다른 증언들은 1707년에 설립된 런던 고고학회의 활동에 대한 뒤늦은 개별적 메아리에 불과하다.[26]

뛰어난 경량화의 성취와 기술적 성공을 이룬 고딕 건축물의 구조에 대한 찬사는 이론가들에 의해 명확히 언급되기 시작하였다. 로지에 신부의 분석과 수플로의 진술은 다른 관점에서는 파괴하는 것이 마땅할 이러한 형태들을 돌연 흥미진진한 것으로 만들었고, 이 형태들은 세계 건축의 무시할 수 없는 요소가 되었다. 하지만 사람들은 이런 종류의 형태를 보존해야 한다는 데까지는 고찰을 밀고 나가지 못했다. 그럼에도 보존해야 할 예가 너무나 많다는 지배적인 인상은 남겼다. 단 한 순간도 이러한 증언들이 국가의 역사에 본질적이라는 견해는 나타나지 않았다. 아직 그 정도까지는 생각이 미치지 못했던 것이다. 그러나 마침내 중세의 '야만적' 예술에 대한 멸시가 반종교적, 반군주제적 열광과 뒤섞여 모든 유린을 허락하자, 오히려 전면적인 파괴를 막기 위해 이러한 건축물들은 관심을 받아 마땅한 귀중한 현상이라는 생각이 나타나게 된다.

사실 같은 시기에 성직자들이 종교적 문화재에 대해 보여 준 무관

---

26) 노르망디 지방의 교양과 영국 고고학계 간의 관계는 다음을 볼 것. A. Erlande-Brandenburg, "La Normandie à la recherche de son passé", *Monuments historiques*, n°103, 1979, pp. 2~5.

심은 무시할 만한 현상이 아니다. 우리는 생모르회 수도사들²⁷⁾이나 생트주느비에브회 수도사들의 서가에 생기를 불어넣었던 석학 집단이 아니라, 추기경, 주교, 주임 사제, 교회 참사회 같은 고위직 성직자들에 대해서 이야기하고자 한다. 1716년에 출판된 『아카데미에 보내는 편지』에서 페늘롱²⁸⁾은 이성에 반하는 고딕 양식의 죄악을 고발한다. "고딕 시대의 건축물들은 매우 얇은 지주 기둥 위로 구름까지 닿는 거대한 궁륭 천장을 올렸다." 그의 관찰은 계속된다. "우리는 그것이 모두 무너질 거라 믿지만, 그럼에도 그 모든 것은 몇 세기를 지탱하고 있다." '철학자들'에게 조롱거리가 될 것을 두려워한 나머지, 사람들은 더 이상 진짜라고 믿지 않는 무덤들을 파괴했다. 그렇게 해서 오툉에 있던 성 라자로의 무덤은 1766년 대성당의 내진(內陣)²⁹⁾에서 완전히 사라졌다. 장 드 베리 공작이 축조한 생트샤펠³⁰⁾에 대해 1757

---

27) [역주] 성베네딕트 수도회 계통의 생모르 수도회는 1618년 프랑스에서 창설되었다. 소속 수도사들은 모리스트라 불리며, 학문과 문학 활동을 벌인 것으로 유명하다.

28) [역주] 프랑수아 드 살리냐 드 라 모트 페늘롱(François de Salignac de La Mothe-Fénelon, 1651~1715)은 신학자이자 문학가이며 캉브레 대주교를 지냈다. 그의 『아카데미에 보내는 편지』는 문학, 철학, 역사에 대한 고찰을 담고 있다.

29) 성당 안쪽에 성직자석과 성가대가 있는 자리를 가리킨다.

30) [역주] 부르주의 생트샤펠 예배당은 1450년 장 드 베리 공작에 의해 세워졌으며 1775년 파괴되었다. 아름답기로 유명한 파리의 생트샤펠 성당을 모델로 지어진 이 건물은 장 드 베리 공작의 궁전에 연결되어 있었으며, 스테인드글라스와 조각품을 비롯해 수집된 많은 예술품들로 장식되어 있었다. 17~18세기까지 찬미하는 방문객들을 맞이하던 이 예배당은 루이 15세의 명령에 의해 파괴가 결정된다. 파괴의 배후에는 생트샤펠을 둘러싼 권

년 해체 명령을 내릴 때 부르주의 대주교는 이런 구실을 내세우지는 않았었다.

파리의 생트카트린 뒤 발데제콜리에 수도원[31])과 중세 예술의 걸작인 빅투아르 수도원은 각각 1777년과 1784년에 왕명과 랭스 대주교의 명령에 의해 사라졌다. 툴루즈의 라도라드 성당도 1761년에 같은 운명을 겪는다. 주교들과 주교 관구의 참사회[32]) 회원들이 주도한 대성당과 성당의 내진 '아름답게 꾸미기' 운동은 여전히 찬미받고 있던 성직자석 같은 부분들의 파괴와 소멸을 가져왔다. 로지에 신부도 아미앵 성당의 성직자석에 대해 언급하면서 "골동품을 향한 맹목적인 사랑"이라고 비난하였다. 성직자석들을 파괴하지 않는 경우에는

력 문제가 자리 잡고 있었다. 1680년대 초 생트샤펠과 부르주 대성당의 참사회 사이에 긴장감이 감돌기 시작했고, 이 갈등은 생트샤펠의 운명에 영향을 미치게 된다. 당시 부르주의 대주교였던 로슈푸코 추기경은 그의 위세에 비견될 정도의 힘을 갖게 된 생트샤펠의 해체를 생각하기 시작했다. 1693년에 마침 생트샤펠에는 화재가 발생하였으며, 참사회는 훼손된 부분을 복구할 충분한 예산을 가지고 있었지만 결국 대주교에 의해 파괴가 결정되고 만다. 교단 참사회의 항의에도 생트샤펠은 최종 왕명에 의해 1775년 완전히 해체되었다.

31) [역주] 13세기 초 파리에 세워진 생트카트린 뒤 발데제콜리에 수도원은 대학과 연결된 연구 기관 역할을 수행하였다. 또한 왕실에 밀접히 연결되어 정치적인 인물들이 자주 드나들었고 중세의 역사적 사건들에도 깊이 관련되어 있었다. 설립 이후 유명세를 떨쳤던 이 수도원은 1767년 건물이 무너지면서 파괴의 위기를 맞았다. 왕명에 의해 1773~1774년 수도원 건물이 파괴되었으며 남아 있던 교회 건물 또한 1777년 왕명에 의해 재차 파괴되었다. 1783년 수도원 자리는 시장으로 대체되었다.

32) [역주] 공동체 생활을 하는 수도사들을 지칭한다. 중세 성 아우구스티누스의 규율에 따라 생활하며 본당 소속 그리스도교 신도들을 위해 봉사한다.

시골의 선민들을 위해 곳곳에 흩뜨려 놓았다.[33] 성직자들이 장려한 이러한 신성 박탈은 신도들이 외양에 집착하는 지나치게 물질적인 종교로부터 벗어나게 하기 위한 것이었다. 그렇게 함으로써 디드로[34]의 환호를 받는 신고전주의 양식 교회의 크고 투명한 스테인드 글라스의 빛 속에서 신앙과 이성을 화해시키는 계몽주의 교회로 그들을 인도하기 위한 것이었다. 그 결과 사고방식이 계몽되었고 문화재를 다른 방식으로 파악할 수 있을 정도로 성숙해졌다. 문화재를 더는 종교적으로 찬미받는 사물이나 신성한 건축물이 아니라 하나의 '기념물(momument)'— 이 용어는 몽포콩에 의해 확산되었다 —, 즉 역사적 증언이자 사라진 세대의 삶을 알기 위한 좌표로 인식하게 되었다. 그리고 바로 이러한 국면에서 교회는 미슐레와 메리메처럼 불가지론을 지지하는 지식인들의 열렬한 관심을 받게 된다.[35] 가장 오

---

33) 파리 생빅토르 수도원의 성직자석은 18세기 개축 공사가 이루어질 때 성가대석에서 제거되어 일드프랑스에 위치한 작은 교회로 분산되었다. J. Chatîllon, "Les anciennes stalles de l'abbaye de Saint-Victor", *Bulletin archéologique du Comité des travaux historiques et scientifiques*, 1976; J.-P. Willesme, 생빅토르에 관한 미출간 논문(1979)과 "L'abbaye Saint-Victor de Paris sous la Révolution et la dispersion de son patrimoine", *Bulletin de la Société de l'histoire de Paris et de l'Ile-de-France*, 1979, pp.134~153 참고.

34) [역주] 드니 디드로(Denis Diderot, 1713~1784)는 흔히 '백과전서파'라 불리는 프랑스 계몽주의 사상가로, 『백과전서』의 편집을 맡았다. 철학과 문학을 비롯해 미술 비평과 미학 분야에서 많은 저서를 남겼다. 17~18세기 유럽 전역에서 계몽주의 사상이 발달할 때 예술에서는 고전미와 이성을 중시하는 신고전주의 양식이 펼쳐진다.

래되고 가장 '고대의' 증거들은 당연히 가장 호기심을 끄는 흥미로운 것이 되었다. 구시대의 유물인 종교의 후광이 벗겨지고, 맥락에서 유리되고 심지어 본래의 기능으로부터도 단절된 기념물은 호기심을 끄는 진기한 물건, 즉 이미 박물관 진열품의 대열에 접근한다. 1792년에 파리 시내의 종교적인 대건축물 안에 소장된 물건과 조각품 목록을 작성하는 일을 맡았던 입법 의회에 소속된 한 위원의 성찰은 놀랍기 그지없다.[36] 그는 그랑카름 수도원 예배당 중 하나를 장식한 "최상의 취향을 드러내면서 매우 조화롭기까지 한" 성모자 조각상 앞에서 그는 이렇게 적었다. "이 고딕 작품들은 설사 야만적 취향을 지녔더라도 우리의 관심을 끌 만하다. 그러니 파손되지 않도록 소중히 관리해야 한다. 이것들은 고대의 예술품처럼 귀중하다." 이 정직한 위원은 자기도 모르는 사이에 문화재 목록 작성에 착수했던 것이다.

---

35) [역주] 쥘 미슐레(Jules Michelet, 1798~1874)는 다양한 에세이와 풍속에 관한 글을 남긴 저술가이자 역사가이다. 기념비적인 『프랑스 역사』의 저자로서 파리 대학과 콜레주 드 프랑스의 교수를 역임했다. 자유주의자였던 그는 나폴레옹 3세의 쿠데타가 일어난 시기에는 파리에서 추방되기도 하였다. 프로스페르 메리메(Prosper Mérimée, 1803~1870)는 근대 사실주의 문학을 추구했던 저술가이며 아카데미 프랑스 회원이었다. 1831년 관리로 입신한 후 역사 기념물 총감독관(1834~1860)을 지내며 프랑스의 고대 건축물과 미술품 연구, 보존 및 수리 사업을 추진했다.

36) H. 스텐(H. Stein)에 의해 출간된 책이다. *État des objets d'art placés dans les monuments religieux de Paris au début de la Révolution française*, Paris, 1890.

자료 1

　앙드레 뒤셴의 『프랑스의 고대 유적들』에서 언급된 기념물 일람표
는 루이 13세 시절 고대 기념물들이 어떤 찬미를 받았는지를 알려 준
다. 그 대상은 무엇보다 대성당과 성당들이며, 거기에 고대의 기념물
과 몇몇 왕궁이 추가되어 있다.

　대성당과 성당의 경우, 그는 파리 다음으로 그 건축과 다고베르 왕
의 것으로 추정되는 금도금한 청동 문과 무덤들, 발루아 왕조의 로톤
다, 보물로 인해 언급된 생드니 수도원, 상스("고대의 것일 뿐 아니라
높고 웅장한 건축 작품"), 랑그르("왕국 어디서도 거의 찾아볼 수 없
는 당당하고 웅장한 건축의 과시"), 랭스(특히 왕의 대관식과 성유병
(聖油瓶)에 관해 언급한), 보베("왕국에서 가장 호화롭고 웅장한 건물
중 하나"), 아미앵("다양한 역사적 사건을 소재로 한 희귀하고 감탄
스러운 회화들로 호화롭게 장식된 프랑스에서 가장 웅장한 대성당
중 하나"), 부르주("더욱 웅장한 건축으로 크기를 확장하고 아름답게
장식한"이라는 언급과 더불어 도시의 성당들 전체에 대해 찬사를 보
낸), 로슈("경이로운 높이, 크고 아름다운 궁륭, 끝이 뾰족하며 탁월
한 기술에 의해 공중으로 치솟은 두 개의 종, 세 개의 멋진 피라미드,
돌로 된 지붕"이 있는 노트르담 참사회 교회), 앙굴렘("수많은 크고
아름다운 성당들 … 대성당은 기옌 지방을 통틀어 가장 훌륭한 성당
중 하나이며 … 프랑스에서 가장 높은 탑 중 하나"), 부르봉 아르샹보

("생트샤펠과 그 스테인드글라스, 성십자가"), 리옹("가장 유명하고 빼어난 것 중 하나"), 알비("프랑스 전역에서 가장 아름답고 웅장한 내진"), 생베르트랑 드 코망주("매우 귀한 몇몇 성유물과 특히 엄청난 고가의 일각수로 인해 화려한" 성당), 오슈("크기와 화려함만이 아니라 대리석과 고대의 다른 표식과 깃발들도 유럽 전체에서 최고 중 하나를 뽐내는"), 페리괴("두 정면이 궁륭형이며 높은 피라미드가 빼어난" 대성당), 위제르슈(성유물들), 아장(생테티엔과 생카프레, "당당하고 독실한 이 두 사원은 한눈에 고대의 것임을 드러낸다" 그리고 "믿음과 그리스도교 신앙이 후대 어느 시기보다도 열렬하고 헌신적일 때 지어졌으며, 클로비스 1세 시대의 것으로 1,100년은 되었으리라는 것을" 알 수 있다), 앙브룅("대단히 화려하고 풍요롭고 … 둥근 형태의 지붕이 있는" 대성당), 디종(모든 성당들), 투르뉘("성당의 외관에서 아름다움이 풍기며 … 차라리 성처럼 보이는" 수도원), 루앙("납과 돌 또는 청석돌로 덮인 피라미드 형태의 높고 아름다운 탑으로 장식된" 성당들), 바이외("건축의 장려함"을 보여 주는 대성당)에서 걸음을 멈춘다.

자료 2

앙드레 뒤셴(1584~1640)은 『등급과 여덟 개의 고등법원 관할 지역에 따라 여덟 권의 책으로 구성한 고대 유적들 그리고 도시와 성, 프랑스 전역에서 가장 빼어난 장소들에 관한 연구』(파리, 1609년 초판 이후 1614, 1624, 1629, 1631, 1637, 1647, 1648, 1668년 재판 발행)에서 생트샤펠에 관해 이렇게 말한다.

"따라서 우리 눈앞에 보이는 그대로 놀라운 건축술이 구현된 건물이다. 그리고 에티엔 파스키에 씨가 그의 연구에서 프랑스 역사상 가장 위대한 건축가 중 한 명이라고 언급했던 일명 굴렁쇠 집의 자크 앙드루에[37]는 최신식으로 지어진 건물 중 이보다 대담한 것은 없다고 말하였다. 로마 제국의 쇠망 이후 새로운 구상 위에 도입된 파리의 노트르담 대성당 및 유사한 다른 건축물들처럼 최신식 건물이라 일컬어지는 생트샤펠은, 클라니의 영주 레스코[38]가 우리 왕들의 일상적 거주지인 루브르궁을 꾸미기 위해 구사했던 것과 같은 그 모든 건축적 과시로부터 아무것도 차용하지 않았다. 심지어 나는 건축 외에도, 유리 장인들의 틀림없는 기술의 산물이자 그 시대 이후로는 용도와 제조법이 사라져 버린 그곳의 스테인드글라스에 사람들이 주목하기를 바란다."

---

37) [역주] 자크 앙드루에 1세(Jacques Ier Androuet, 1515~1585)는 조각가이자 건축가로서 건축에 관한 저술로도 유명하다. 그의 저택에 둥근 모양의 깃발이 걸려 있어 이러한 별칭으로 불리었다.

38) [역주] 피에르 레스코(Pierre Lescot)는 16세기 프랑스의 대표적 건축가 중 한 명으로 루브르궁 파사드 개축 공사를 맡았다.

2. 군주제와 문화재

신성함이란 개념이 일찍이 몇몇 예술품에 대한 숭배와 더불어 공동 소유물에 관한 어렴풋한 자각을 이끌어낼 수 있었던 데 반해, 군주제 체제는 그 마지막 시기에야 비로소 공공의 수집품에 대한 관심 그리고 '계몽주의'의 관심사에 대한 반향으로서의 '박물관' 창설과 더불어 문화재 정책의 필요성을 인지했던 것 같다. 처음에는 오직 교회만이 안정적이고 영원한 권력을 형성했으며, 왕실의 권력은 전쟁과 왕조의 계승을 통해서만 인정받고 지속되었다. 따라서 왕실의 권력 행사와 관련된 물건과 기념물들은 마치 왕실 고유의 도구처럼 각각의 통치 기간에 예속되는 듯이 보였으며, 필요성이 사라지면 곧 잊혔고 꽤 오랜 기간에 걸쳐 방치되었다. 잘 알려진 몇몇 사례를 제외하고, 종신적인 성격을 띤 군주의 재산에 대해 가해진 소홀한 처사를 보면 놀라울 뿐이다. 본질적으로 유목 생활의 성격을 띤 왕과 궁정 사람들의 생활 방식은 (18세기 말) 파리에서 일어난 일련의 혁명으로 루이 16세가 튈르리 궁에 갇힐 때까지 오롯이 그 정신이 이어졌고, 이는 물건과 기념물을 존중하는 데에는 유리하지 않았다. 왕실은 특정한 정착 장소가 거의 없었고, 절대적인 경제적 필요성과 생필품 문제로 인해 일종의 이동 생활이 필수적이었다. 발루아 왕가 시절에는[1] 왕실의 거주가 시작된 지 채 몇 주도 안 되어 퐁텐블로에 끔찍한 역병이 엄습해 왕실을 옮겨야만 했다. 사람들은 계속해서 사냥감이 많은 숲을 찾아다녔고 거기엔 왕의 위엄을 드러내야 하는 절대적인 정치적 필요성도 따랐다. 그랬기에 해체와 조립이 가능한 동산(動産)을 노새의 등에 잔뜩 실어 나르는 것 말고는 다른 방법이 없었다.

왕권의 상징물

그럼에도 왕실은 고유의 신성한 물건들을 만들어 내지 않고는 존속할 수 없었다. 그러한 물건은 수가 매우 적고 결론적으로 거의 신성하지도 않았으며 서술되거나 복제된 경우도 거의 드물었기 때문에

---

1) [역주] 발루아 왕가(les Valois)는 필리프 6세에서 앙리 3세까지 1328~1589년 동안 프랑스를 다스렸다.

그 역사 자체가 신비로 남아 있다. 왕은 자기 삶의 부침(浮沈)에 따라 그러한 물건들을 위험에 노출시켜 가는 와중에, 스스로의 힘으로 보존할 수 없음을 재빨리 간파하고 교회의 수중에 위탁했다. 파리 생드니 수도원 성당의 보물 목록을 연구해 보면 이러한 양도의 일화를 보다 잘 알 수 있다. '왕권의 상징물들(regalia, 레갈리아)'은 전통적으로 왕의 대관식이 치러진 랭스 대성당에 보존하도록 지정되어 있었지만 그곳에 보

〈성 마르티노의 외투〉, 마르틴 숀가우어 (Martin Schongauer, 1450~1491), 판화

존되지는 않았다. 그보다 더 특권을 누렸으며 그 기원이 프랑크 왕조까지 이어지고 경제력에 힘입어 대성당의 담장보다 한층 더 안전을 보장해 주는 장소, 파리의 생드니 수도원에 보존되었다.[2]

이와 같은 왕실의 신성한 물건으로는 우선 성 마르티노(St. Martin de Tours)*의 외투인 카파(cappa)를 들 수 있다. 이 전설적인 외투에

---

[2] Blaise de Montesquiou-Fezensac, *Le trésor de Saint-Denis*, Paris, 1973.
[역주] 파리 북부에 위치한 생드니 수도원 성당은 유럽 북부 고딕 양식의 출발점이 되는 성당이며, 프랑스 역대 군주와 왕족의 유해가 안장되어 건축뿐만 아니라 역사와 관련해서도 중요한 기념물이다.

성 마르티노(St. Martin de Tours, 326?~397)의 외투

성 마르티노는 헝가리에서 태어났지만 프랑스에서 가장 존경받는 성인이 되었다. 프랑스 최초로 수도원 공동체를 만들고 그 제도를 개척한 인물이며, 투르 지역의 주교 좌를 맡기도 하였다. 전해지는 바로는 그는 로마 제국 군인인 아버지에 의해 자신의 뜻과 상관없이 15세에 군대에 보내졌다. 몇 년 후인 338~339년경 프랑스 아미앵에서 지내던 그는 추운 겨울날 말을 타고 길을 지나던 중 헐벗은 채 성문에서 구걸을 하고 있는 갈리아족 사람을 만나게 되었다. 그는 장교의 외투인 카파(cappa)를 칼로 반으로 잘라 그 한쪽을 걸인에게 건네주었다. 그날 밤 그는 꿈속에 거지에게 준 반쪽 외투를 입은 예수가 나타나 "아직 예비 신자인 마르티노가 이 옷을 나에게 입혀 주었다"라고 말하는 것을 들었다고 한다. 이 신비 체험 후 마르티노는 18세에 세례를 받고 제대 후 사제 서품을 받았다. 한편 잘라내고 남은 카파는 이후 독실한 신자들 사이에서 숭배의 대상이 되었다.

샤펠(chapelle, 예배당)

프랑스어 샤펠은 라틴어 카펠라(cap(p)ella) 또는 카필리아(cap(p)ila, 작은 카파)에서 유래되었으며 성 마르티노의 카파에서 나온 말이다. 학자들의 연구에 의하면 중세 프랑스 왕들은 성 마르티노의 카파를 왕실 소유의 성유물로 간직하였으며, 왕실의 성소(예배당)가 아닌 왕의 숙소에 보관하였다 한다. 그리고 전쟁 시에는 마치 라바룸과 같이 군대 앞에 놓여, 해지고 뚫리고 잘게 조각나면서 9세기경에는 사라진 것으로 추정된다. 한편 7세기 중반 이후 카파는 카펠라(cappella)로도 불렸으며 8세기에 들어서는 성유물만이 아닌 성유물을 간직한 장소(왕실의 사적인 작은 예배당)의 의미로도 사용되었다. 8세기 말 카펠라는 왕실 내부의 성소, 예배당의 의미를 벗어나 개인 영지에 딸린 부속 예배당 등의 의미로 변천해 나간다.

대해 우리가 아는 것이라곤 확실치 않은 개념들밖에 없으나, 최소한 그것은 이 갈리아인들의 사도가 지녔던 세계적인 명성을 증언해 준다. 그가 입었던 의복(아미앵의 걸인과 나누어 입은 옷과 동일시되는 군인의 외투 혹은 주교의 제의) 조각은 호전적인 왕정에는 팔라디움(palladium)이나 라바룸(labarum)[3] 역할을 해 주었다. 생골 수도원의 한 수도사의 증언을 들어 보자. "이 왕(샤를마뉴)은 그의 가난한 제자 중 한 명을 자신의 샤펠(chapelle, 예배당)*의 수장이자 서기가 되게 했다. 프랑스의 왕들은 성 마르티노의 샤프(chape)를 자신들에게 안전과 승리를 가져다줄 담보물로 여겼고 관습처럼 모든 전쟁에 가져가곤 했다. 이 때문에 그들이 소유한 신비한 사물들을 샤펠이라 부르곤 했다."(*De Rebus Caroli Mgni*)[4] 델레헤이 신부는 다음과 같

---

3) [역주] 팔라디움(palladium) 또는 팔라디온(palladion)은 희랍 신화에서 도시를 보호하는 수호물로서 고대인의 숭배를 받은 조각상을 말한다. 특히 무장한 아테네 여신상을 가리킨다. 『일리아스』가 전하는 트로이 전쟁에서 오디세우스와 디오메데스가 트로이를 공격해 성내에서 훔친 목제상이 바로 아테네 여신상이다.
라바룸(labarum)은 본래 로마 제국에서 사용하던 군기이다. 4세기 역사가 유세비우스의 기록에 의하면, 긴 창끝에 금박이 입혀 있고 창대에는 보석과 술로 화려하게 장식한 자줏빛 천이 달려 있다. 창끝에는 황금 화환에 둘러싸인 형상(문자)이 있다. 라바룸은 그리스도교를 공인한 콘스탄티누스 1세에 의해 그리스도교의 상징물이 되었다. 유세비우스에 의하면 312년 콘스탄티누스는 라이벌이던 막센티우스와의 전투에서 승리하기 전에 환상을 보았으며, 하늘에는 십자가 형상과 함께 "그대는 이 형상을 가지고 정복하게 되리라"라는 글씨가 새겨져 있었다고 한다. 이후 그는 군대의 라바룸에 그리스도를 상징하는 형상을 담아 전쟁의 수호물로 사용하였다.

이 덧붙인다.[5] "프랑크족의 왕들은 성 마르티노의 소유물이라고 여겼던 작은 망토 또는 샤프[6]를 특별한 성유물처럼 보호해 왔다. 이것은 (성유물을 지키는 사제들인) 카펠라니(cappellani)의 보호 아래 성 안에 놓였고 전쟁 시에는 군대 앞에 놓였다. '위대한 마르티니의 카펠라' 서약은 독특한 장중함을 띠었다. 오래지 않아 카펠라는 샤프가 보존되어 있던 성 안의 장소를 지칭하게 되었으며, 좀 더 후에는 성유물을 간직하는 모든 종교적 건축물을 뜻하게 되었다." 동 브리알은[7] 아버지 위그 르 그랑에 이어 성 마르티노 수도원의 평신도 사제직을 수행했던 위그 '카페'[8]의 별칭인 카파투스(Cappatus)가 바로 마르티노 성인의 망토의 소유와 관련이 있다고 생각했다. 프랑스의 몇몇 교회에 흩어져 사람들의 숭배를 받아 온 푸른색 천 조각들을 왕실

---

4) E. Guizot, *Collection de mémoires...*, 1824, pp.176~177.

5) H. Delehaye, "Loca sanctorum", *Analecta Bollandiana*, t.XLVIII, 1930, pp.45~46.

6) [역주] 망토(manteau)는 보통 겨울 외투를 지칭하며, 샤프(chape)는 소매 없이 등에 걸치는 모자 달린 긴 외투이다.

7) 뤼셰르(Luchaire)는 다음 저술에서 이 의견을 다시금 피력한다. *Histoire de France, de Lavisse*, t.II, p.2, [역주] 동 브리알(Dom Brial)은 미셸 장 조제프 브리알(Michel Jean Joseph Brial, 1743~1828)을 지칭한다. 그는 베네딕트 수도회 수사이자 프랑스 사학자이며, 『프랑스 문학사』 저술에 참여하여(14~18권) 이 사업의 완성을 맡았다. 그가 저술한 부분에는 프랑스 왕 위그의 별칭에 대한 연구가 담겨 있다.

8) [역주] 위그 카페(Hugues Capet)는 10세기 프랑스 카페 왕조의 시조이다. 당시 수도원들은 자체적인 방어를 위해 평신도 사제들을 거느리고 있었다. 위그 카페가 사제직을 수행했던 투르의 성 마르티노 수도원은 성 마르티노의 카파 조각을 보관하고 있었다고 전해진다. 여러 학자들은 이로부터 카파투스라는 그의 별칭이 유래했다고 밝히고 있다.

의 군대를 지휘하기 위해 마찬가지로 생드니 수도원 성당에 게양하였던 프랑스 국왕기와 혼동해서는 안 된다.[9] 1634년의 생드니 수도원 성당 보물 목록에서 다음과 같은 언급을 다시 보게 된다. "꼭대기 끝은 뾰족한 긴 쇠로 되어 있고 도금이 많이 벗겨진 청동 막대를 감싸는 얇은 견직물로 된 매우 낡은 깃발이 (성당의) 중앙 기둥 왼쪽에 달려 있는데, 수도사들은 그것을 프랑스 국왕기라고 부른다."

왕권의 상징물(레갈리아)은 대관식과 왕관 수여식[10]을 위한 도구로서, 1180년에 제작된 것이 확실함에도 이른바 샤를마뉴 또는 대머리 왕 샤를[11]의 것으로 통하는 왕관을 1차적으로 가리킨다.[12] 왕들은 생드니 수도원 성당을 선물로 가득 채웠으며, 그리하여 성유물들이 예술품들과 나란히 보관되어 있는 '보물 수장고'가 만들어지는 데

9) 전통에 의하면 프랑스 국왕기는 1124년 루이 6세에 의해 처음 게양되었다고 한다. Marc Bloch, *Les Rois thaumaturges*, Paris, rééd. 1961, p.235 참고.

10) [역주] 대관식은 왕위를 이어받는 종교적 의식으로 왕관 수여식 및 도유식(塗油式)이 포함된다. 프랑스에서는 8세기 중엽 처음 생겨났으며, 예외도 있지만 원칙적으로 랭스 대성당에서 대주교와 일군의 종교계, 비종교계 인물들의 참석하에 이루어졌다. 이러한 대관식은 왕권의 정당화뿐만 아니라 왕에게 세속과 구별되는 신성의 자질을 부여해 주었다.

11) Hervé Pinoteau, "L'ancienne couronne française dite 'de Charlemagne'", *Le Vieux Papier*, n° 243, janvier 1972. [역주] 샤를마뉴 대제(Charlemagne I, 742~814)는 카롤링거 왕조의 2대 국왕으로 프랑크 왕국을 제국으로 확장하고 신성로마제국의 황제가 된 인물이다. 대머리 왕 샤를(Charles le Chauve)은 샤를 2세(Charles II, 823~877)의 별칭으로 서프랑크 왕국의 왕을 거쳐 말기에는 서로마제국의 황제에 올랐다.

12) Danielle Gaborit-Chopin, "Les couronnes du sacre des rois et des reines du trésor de Saint-Denis," *Bulletin monumental*, t. CXXXIII, 1975, pp.165~174.

기여했다. 생드니 수도원장으로 임명된 대머리 왕 샤를은 이를 계기로 프톨레마이오스 왕가의 잔, 사문암으로 된 성반(聖盤), 금으로 된 미사대, 후일 쉬제르[13]가 제단 뒤에 세워 놓은 십자가와 샤를마뉴의 것으로 알려진 가리개 같은 소장품을 증여하였다.(어떤 것들은 여전히 '메달의 방'에 소장되어 있다.) 루이 6세[14]는 쉬제르에게 아버지인 필리프 1세의 왕관을 내주었다. 필리프 오귀스트[15]는 보석으로 장식된 십자가들과 아들 루이 8세가 1223년 다시 매입해 간 왕관들을 생드니 수도원에 위탁하였다. 성왕 루이는 1261년 마침내 아버지가 되찾아 온 왕관들과 대관식 만찬 때 왕이 썼던 작은 왕관을 생드니 수도원에 위탁하도록 명하였고, 축제 때마다 제대 주위에 매달게 하였다.[16] 이와 같은 전통은 잔 데브뢰 왕비, 샤를 5세, 안 드 브르타뉴 등에 의해 지속된다.

---

13) [역주] 쉬제르(Suger)는 12세기 생드니 수도원장을 지낸 인물이다.

14) [역주] 루이 6세(Louis VI, 1081~1137), 일명 "뚱보 왕 루이(Louis le Gros)"는 카페 왕조의 4대왕 필리프 1세의 장남으로 1108년부터 프랑스의 왕을 지냈다.

15) [역주] 카페 왕조의 7대 국왕인 "존엄왕(Auguste)" 필리프 2세(Phillppe II, 1165~1223)를 말한다. 그의 뒤를 이어 사자왕 루이, 즉 루이 8세(Louis VIII, 1187~1226)가 왕위에 오르나 요절하여 재위 기간은 1223~1226년으로 짧았다.

16) [역주] 필리프 2세는 죽기 직전 자신의 대관식에 사용했던 왕과 왕비의 관을 생드니 수도원에 위탁한다. 뒤이어 왕위에 오른 루이 8세는 위탁된 왕관들로 랭스 대성당에서 1223년 대관식을 치른 후, 같은 해 거금을 마련하여 생드니로부터 두 왕관을 매입하였다. 1226년 왕위를 계승한 생루이, 즉 성왕 루이 9세(Louis IX, 1214?~1270)는 이 두 왕관을 생드니에 최종적으로 유증하여, 종교적 축일에 사슬로 엮어 제단 위쪽에 매달도록 했다.

그러나 이러한 왕권의 상징물들의 위탁은 침해할 수 없는 것은 아니었으며, 사람들은 그것을 기대할 권리가 있었다. 그것들은 군주제의 영속성을 물질화한 것이었지만 어쨌건 저당 잡히고, 해체하고, 팔고, 녹일 수 있는 금속과 보석으로 이루어진 비축물이었다. 예를 들어 필리프 드 발루아는 1340년에 수도사들로부터 일곱 개의 황금 왕관과 필리프 오귀스트의 십자가를 재인수했으며, 같은 해 말에는 이 십자가를 수도사들에게 되돌려주기도 했다.[17] 백년전쟁과 종교전쟁 시기에는 종교적 목적으로 왕권의 상징물의 판매와 용해가 이루어졌다. 최고의 가치를 지닌 물건들이 이렇게 1589년에 용해되었으며, 다른 것들은 신성동맹[18] 시기에 사라졌다. 베르뱅 평화조약(1598)을 계기로 작성된 잃어버린 보물의 목록은 의미심장하다. 거기에는 여왕의 왕관, 왕홀, 정의의 손,[19] 황금 장미 등이 포함되어 있으며, 샤를마뉴의 왕관까지도 1589년 파리 공격 당시 느무르 공작에 의해 노

---

17) [역주] 1340년은 백년전쟁(1337~1453) 1기에 해당한다. 1328년 카페 왕조의 샤를 4세가 후계자가 없이 사망하자, 그를 계승할 3명의 후보자(영국 왕 에드워드 3세, 필리프 데브뢰, 필리프 드 발루아)를 둘러싸고 프랑스와 영국 간에 갈등이 생겨난다. 백년전쟁의 발단은 이 세 명 중 필리프 드 발루아가 왕위에 오른 것이었다.

18) [역주] 16세기 말 종교전쟁 시기에 프랑스를 중심으로 다양한 가톨릭 국가들이 신교에 대항해 맺은 수차례의 종교적, 정치적 동맹을 의미한다. 신구교 간의 종교 갈등은 1562년 프랑스의 구교파 수장 프랑시스 드 기즈 공작의 바시 신교도 학살을 계기로 격화되어 프랑스 내 신교파를 일컫는 '위그노' 전쟁(1562~1598)으로 이어진다.

19) [역주] 왕홀의 일종으로, 대관식이나 중요한 의식이 있을 때 왕이 들던 상징물이다. 위쪽에 왕권의 상징인 손 모양이 조각되어 있다.

획되어 사라진 것으로 보인다.[20] 수도사들은 이후 이러한 유실에 대해 조심스럽고 애매한 태도를 유지했다. 게다가 왕관의 보석들은 왕실 군대의 노고를 보상하기 위해 담보로 잡혔으며, 앙리 4세는 그것들을 되찾기 위해 애써야 했다. 루이 14세가 금은 접시들을 녹이도록 명령한 데는[21] 선대의 유명한 예들이 있었고, 가장 빼어난 금은 세공품들의 금전적 가치는 결코 잊히지 않았다. 끝으로 생드니는 왕정의 또 다른 기념품을 보존하고 있었음을 기억해야 하는데, 바로 다고베르의 왕관이 그것이다. 이것은 귀금속이 아닌 것으로 제작되었기에 우리 시대까지 존속할 수 있었다.[22] 그러므로 요컨대 문화재의 개념

---

20) Mme Gaborit-Chopin, 앞의 책에 의거함. [역주] 이 유명한 왕관들의 운명에 관하여 생드니 수도원을 연구한 사학자들은 그것이 1589년(또는 1590)에 사라진 것에 동의하고 있다. 위그노 전쟁기에 프랑시스 드 기즈에 이어 1588년 구교의 수장이 된 샤를 드 마옌 공작은, 신교의 앙리 4세를 배척하고 반정권 신성동맹을 내세워 앙리 4세의 삼촌인 샤를 드 부르봉 추기경을 왕으로 추대하며 신구교 간의 전투를 재개했다. 마옌 공작이 가장 강력한 구교도 도시인 파리를 장악한 탓에 1590년 내내 파리는 주요한 전장이 되었다. 한편 1634년에 작성된 생드니 수도원 보물 목록에 의하면, 이때 생드니를 장악한 느무르와 마옌 공작은 가톨릭 동맹에 자금을 조달한다는 명목으로 생드니에 보관되어 온 왕비와 왕의 관을 각각 노획해 간다. 이후 느무르가 취한 왕비의 관은 용해되어 사라졌으며, 왕관은 운 좋게 큰 루비만 사라진 채 생드니에 보존되었다. 이 왕관은 부르봉 왕가의 대관식에 사용되었으나, 프랑스 혁명 직후인 1794년 결국 파리 조폐국에서 주조되어 사라졌다.
21) [역주] 루이 14세(Louis XIV, 1638~1715)는 절대왕정을 대표하며 전성기에는 태양왕이라 불렸다. 그의 치세인 1709년에 혹독한 추위가 찾아왔고, 이와 더불어 당시 벌어졌던 스페인 왕위 계승 전쟁은 유럽 전체에 심각한 식량 결핍을 가져왔다. 루이 14세는 불가피한 상황을 맞아 왕실의 금은 세공품들을 녹이도록 명했다. 생시몽 공작의 『회고록』에 의하면, 이때 왕실에서 가장 뛰어나고 중요한 주조물들이 단 일주일 만에 사라졌다.

이란 요행에 따르는 매우 불확실한 것이다.

도서관과 문서

군주와 제후들의 책에 대한 애착은 또 다른 성질의 것으로 보인다. 성왕 루이의 서고도 그렇지만 특히 샤를 5세, 베리 공작, 부르고뉴 공작의 서고는 만인의 존경을 받으며 귀중한 재산으로서 후손들에게 전해졌다. 물론 그렇다고 그중에서 그림이 그려진 가장 아름다운 수사본들의 상업적 가치를 모르지는 않았다. 그 가운데 몇몇 수사본에 관한 짧은 언급들은 자손에게 물려주고픈 욕망을 증언한다. 레이던 도서관에 있는 영어판 시편에는 "이 시편은 어린 시절 이 책으로 (읽기를) 배웠던 프랑스 왕 성 루이 전하의 것이다"라는 문구가 실려 있으며, 이 책은 부르고뉴 공작 가문으로 넘어가기 전까지 왕가의 소유로 남아 있었다. 성왕 루이의 시편에는 보다 분명한 의사가 표현되어 있다. "이것은 성 루이의 시편이다. 잔 데브뢰 왕비는 이것을 군주력 1369년에 장 왕의 아들인 샤를 왕에게 물려주었다. 그리고 샤를 왕의 아들이라 불리는 현재의 샤를 왕은 그것을 푸아시의 수녀이자 자신의 딸인 마리 드 프랑스 마마에게 물려주었다. 성 미카엘 축일, 13XX년… "[23] 어떤 언급도 이보다 더 세습 재산의 성격을 드러낼 수는 없

---

22) Jean Hubert, "Le fauteuil de Dagobert", *Demaretheion*, I, n° 21, 1935. [역주] 다고베르 1세(Dagobert Ⅰ, 602/605~638/639)는 프랑크 왕국 메로빙거 왕조의 왕이다.
23) [역주] 아름다운 그림으로 장식된 성 루이의 시편에 담긴 이 유명한 문구는 이 시편이

을 것이다. 다른 필사본들은 예술가의 이름이 명시된 작품에 대한 애
착을 드러내는 최초의 증언들을 제공해 준다. 그 예로 특히 『잔 데브
뢰의 기도서』를 꼽을 수 있는데, 1325~1328년에 제작된 아주 작은 크
기의 걸작인 이 책에 대해 여왕의 유언은 다음과 같이 서술하고 있다.
"평온한 신의 품으로 떠난 샤를 4세가 부인을 위해 만들도록 했고 퓌
셀이 채색한 아주 작은 기도서."[24] 우리는 마치 신성한 예탁물처럼
손에서 손으로 전해진 다른 필사본들도 알고 있는데,[25] 기욤 드 생파
튀스가 제작한 『성 루이의 삶과 기적』[26]이 그 예이다.

한편 고문서에 대한 관심을 잊어선 안 된다. 수도원이 안정되면서
생드니의 수도사들은 수도원의 시설과 권리가 얼마나 오래된 것인지
를 명백히 (때로는 허위로) 밝혀 줄 자료들을 보존하는 데 훌륭한 본
보기를 보여 주었다. 이 자료들은 오늘날 영토의 역사와 관련하여 보

성 루이 시절의 것이라 말하고 있지만, 그 제작 연도와 목적에 대해서는 여러 학자들 간에
이견이 있다.
24) [역주] 『잔 데브뢰의 기도서(Livres d'Heures de Jeanne d'Evreux)』는 작은 전례용
시편집으로 그리스도의 유년과 수난 그리고 성 루이의 생애가 담겨 있다. 샤를 4세가 왕비
잔 데브뢰를 위해 만들게 했고, 아들인 샤를 5세에게 유증했다. 장 퓌셀(Jean Pucelle)이
제작한 아름다운 삽화로 말미암아 프랑스의 대표적인 고딕 필사본 중 하나로 꼽힌다.
25) 샤를 5세의 서고에 관한 레오폴드 들릴(Léopold Delisle)의 연구와 1968년 같은 주
제로 전시를 기획했던 국립도서관의 전시도록에서 그것들을 찾을 수 있다.
26) [역주] 기욤 드 생파튀스(Guillaume de Saint-Pathus, 1250~1315)는 프란체스코회
수사로 『성 루이의 삶과 기적(Vie et miracle de Saint Louis)』의 저자로 알려졌으며, 이
필사본은 성 루이의 딸인 블랑슈 드 프랑스의 주문으로 제작되었다.

존된 가장 오래된 문서이다. 역사를 증언하는 이 자료들은 17세기에 이르러서야 마비용 경[27])과 그의 경쟁자인 "문서 경작자들"[28])에 의해 그 가치가 겨우 인정되었다. 파피루스와 양피지로 된 이 자료들은 대체로 수도원 생활과 결부된 법률적인 것이며, 따라서 보존이 필수적이라고 여겨졌던 것들이다. 정주하지 못했던 왕들은 이동하는 중에 행정 문서들을 늘 공들여 보관할 수가 없었다. 필리프 오귀스트는 이와 관련하여 비참한 경험을 하게 되는데, 왕실의 국새 및 짐과 함께 지방으로 가지고 갔던 국세 대장과 봉인된 문서궤들을 1194년 프레트발 매복 공격의 혼란 중에 잃어버렸던 것이다.[29]) 이 일을 계기로

---

27) [역주] 장 마비용(Jean Mabillon, 1632~1707)은 베네딕트회 수도사이자 프랑스 역사학자로, 오늘날 17세기 지식을 전하는 데 결정적인 역할을 한 인물이다. 문서들을 과학적으로 분석한 그의 방식은 연도, 유래된 지역, 원본 상태, 진본성, 수사본의 다양한 판본을 규정하는 방법론에서 역사학자와 문서학자들의 기준이 되었다.

28) 뤼시앵 페브르(Lucien Febvre)의 이 탁월한 표현은 앞서 언급했던 전시도록인 『'고딕'의 발견』 4장 서문(「학식과 시, 몽포콩에서 미슐레까지 Érudition et poésie. De Montfaucon à Michelet」)에서 자크 앙리에(Jaques Henriet)가 적절하게 다시 사용했다. 이러한 "문서 경작자"들로는 당연히 마비용 수사, 마르텐 수사(Dom Martène)(*Voyage littéraire*… de 1717), 『프랑스의 수도원(Monasticon Gallicanum)』, 몽포콩 수사(Dom Montfaucon), 클로드 샤스티용(Claude Chastillon), 로제 드 게니에르(Roger de Gaignières)와 같은 수도사와 일반인을 망라한 앙시앵 레짐의 모든 '조사관'들이 포함되어야 할 것이다. 이 중 일부는 나중에 다시 거론된다.

29) [역주] 12세기 말 프랑스 내 영국 영토를 둘러싸고 치열하게 대립했던 프랑스의 필리프 2세와 영국의 리처드 1세 사이에 벌어진 프레트발 전투를 가리킨다. 1194년에 필리프 2세는 북부 해변에 위치한 영국령 디에프와 에브뢰 지역을 탈환하는 전쟁을 치른 후, 매우 지친 상태에서 남쪽으로 향했다. 그러다가 프레트발 근처의 숲에서 매복하고 있던 리처드

왕실 정부의 일부 기관들은 이동하는 군주로부터 떨어져 나와 파리에 정착하게 된다. 그리하여 시테 섬의 궁전은 이들 기관을 수용하기 위해 사용됨과 동시에 왕국의 아키바리움(archivarium), 즉 문서국이 되었으며 궁전 관리인의 관할에 놓이게 되었다. 후에 성 루이는 생트샤펠 옆에 작은 건물을 짓도록 했는데, 한 층은 교황의 보물인 성유물과 장식물들이 있는 성기실(聖器室)로, 또 다른 층은 왕실 위탁 문서들을 보관하는 데 사용되면서 자연스레 "왕실 문서 수장고"란 이름을 부여받게 되었다. 그 안에서 문서를 모으고, 분류하고, 찾아 주는 일을 맡았던 관리인이야말로 프랑스 최초의 국립 문화재 관리위원이라고 할 수 있다. 이 최초의 인물의 이름은 기억할 가치가 있는데, 그는 피에르 데탕프이며 1318년 작성된 최초 목록의 저자이다.[30]

수장고와 서고에 이어, 퐁텐블로에 있던 프랑수아 1세의 목욕장이라 불린 공간에 걸려 있던 유명 예술품이나 그림들 같은 진기한 물건들의 수집의 탄생에 대해서도 기억해야 한다. 그러나 이것은 왕

1세를 맞닥뜨리게 되었고 결국 패배하여 도망쳤다. 이 사건으로 필리프 2세는 앞선 전투에서 획득한 전리품뿐 아니라 왕실의 물품들마저 빼앗겼는데, 그중에는 중요한 서류들이 포함되어 있었다. 필리프 2세의 사료 편찬관인 기욤 드 브르통은 이 일을 "황제 직할의 국고 대장을 잃었다"고 전하고 있다. 이때의 소실은 필리프 2세로 하여금 왕실 자료들을 한곳에 잘 보관할 필요성을 깨닫게 해 주었다. 같은 해 그는 왕실 고문인 게랭 신부에게 왕실 문서 수집 임무를 맡겼고, 주요 문서들을 파리로 옮겨 놓게 함으로써 '왕실 문서 수장고(Trésor des Chartes)'를 탄생시켰다.

30) A. Teulet, Introduction à l'inventaire des *Layettes du trésors des chartes*, Paris, 1863, t. I.

의 사적인 소유물의 경우이고,[31] 이 문제의 양상은 뒤에 박물관의 탄생과 함께 환기할 것이다. 또 다른 선구적인 조치로는 인쇄물의 위탁, 즉 '법적 납본'을 들 수 있는데, 이는 공공 문화재 성립의 전조가 되었다. 출판업자들로 하여금 발행하는 모든 인쇄물 중 한 부를 왕립 도서관 사서에게 제출하게끔 하는 의무를 담은 프랑수아 1세의 공개장이 1537년 10월 제정되었다. 이 공개장에는 긴 서문이 실려 있는데 거기서 왕은 자신의 후계자들도 그를 본받아 서적을 보호하는 데 심혈을 기울여야 한다는 뜻을 밝혔다. 이는 문화 정책에 대한 자각을 드러내는 최초의 예이며, 다른 한편으로는 콜레주 드 프랑스[32]의 탄생을 가져오기도 했다.

고대의 기념물

이러한 '문화적' 관심은 정권이 점유한 기념물들의 보존 조치에 한하여 영감을 주었다. 그 조치들은 정확히 프랑수아 1세에 의해 처음 시작되었고, 고대의 기념물들에 관한 것이었다.[33] 프랑수아 1세에게

31) 특히 다음 전시를 보시오. "La collection de Francois Ier", Paris, musée du Louvre, 1972(Les dossiers du Département des peintures, n°5)
32) [역주] 콜레주 드 프랑스(Collège de France)는 1530년에 프랑수아 1세가 인문적 교양의 전수와 자유로운 학문적 탐구의 발전을 위해 파리에 설립하였고, 현재 프랑스 최고 권위의 국립 고등교육 및 연구 기관이다.
33) 고대에 대한 중세의 관심에 대해서는 특히 다음을 참고하시오. Jean Adhémar, Les influences antiques dans l'art du Moyen Âge français, Londres, 1937. 고대에 대

는 당연히 본받고 싶은 예가 있었는데 바로 교황들이었다.[34] 1533년 마르세유에서 교황 클레멘스 7세를 만나기로 했던 바로 그날 프랑수아 1세는 님에 도착하여 시간을 지체해가면서까지 주위 사람들에게 그가 고대 유물에 얼마나 큰 열정을 지녔는지를 보여 주는 장면을 연출하였다. 또한 그는 메종 카레[35]가 더 잘 보이고 그 가치가 돋보이게끔 하라고 명령하였다.(자료 3 참고) 당시에 프랑스 남부 지중해 지역에 있던 고대 유적들은 지역의 자랑거리가 되었다. 카스트르 출신의 법률가 장 드 부아조네는 님과 그 주변 지역의 고대 기념물들, 예컨대 라블레가 그의 책에서 주인공 팡타그뤼엘을 여행 보냈던 가르 다리와, 마르그리트 당굴렘과 크뤼솔 백작부인이 방문하여 "인간의 것이라기보다 신의 것"이라고 칭송한 바 있는 원형 경기장을 찬미

한 (18세기) 고전기 세대의 관심은 루이 오트쾨르(Louis Hautecoeur)가 쓴 *Histoire de l'architecture classique en France*에서 반복적으로 환기되었다.

34) 우리는 고대 로마를 향한 교황의 정치가 얼마나 모순적인지 안다. (그것은) "파괴자(il Ruinante)" 브라만테의 활동에 대해 "로마로 하여금 자신의 광휘를 보존하고, 자신의 위대한 과거에 대한 놀라운 증거물들의 소멸을 막기 위해" 피오 2세(Pie II. 재위 1458~1464)가 1462년 5월 공표한 칙서와는 거리가 멀다. [역주] 도나토 브라만테(Donato Bramante, 1444~1514)는 15세기 초에 활동한 화가이자 건축가로 교황 율리우스 2세 시절(Julius II, 재위 1503~1513) '새로운 로마'를 지향하며 진행된 대규모 도시 건설 계획에서 교황청 수석 건축가로 일했다. 이때 그는 새로운 건축물의 설계뿐만 아니라, 기존 건축물의 파괴, 재건축, 변경 또한 진행하였다.

35) [역주] 정사각형의 집이란 뜻을 지닌 메종 카레(Maison carré)는 1세기경 프랑스 남부 도시 님에 세워진 신전이다.

하였다.

1548년 몽모랑시 총독은 칙령을 통해[36] 고대 기념물에 대한 보호 정책을 새롭게 개시했는데 공교롭게도 님 시에 국한된 것이었다.(자료 4 참고) 그럼에도 고대의 기념물에 대한 지식인의 관심은 커져만 갔다. 이와 관련해서는 폴 달브나의 님에 관한 저작(1560), 랑텔름 드 로미외의 아를에 관한 저작(1573)과 장 리샤르의 디종에 관한 저작(1525), 생포리앵 샹피에의 리옹에 관한 저작(1537)과 클로드 벨리에브르의 리옹에 관한 저작(1846년 뒤늦게 출판됨), 리샤르 드 바스부르의 아우스트라시아와 로렌에 관한 저작(1549), 엘리아스 비네의 보르도(1572)와 나르본(1566)에 관한 저작, 레옹 트리포의 오를레앙에 관한 저작(1572), 피에르 드 생쥘리앵의 부르고뉴에 관한 저작(1580) 등도 언급해야 한다. 이러한 저작 전체에 대한 최초의 조망은 세볼드 생트마르트가 저술한 『우리 조상들의 기억 속에서 꽃핀 갈리아족의 유명한 학설들』(1598~1602)에 담겼다. 자코브 스퐁과 파브리 드 페레스의 서신들이 보여 주는 고대 기념물에 대한 호기심은 '역사적인 기념물'이라는 근대적인 개념을 예고한다. 1608년 『프랑스의 고대 유적들』의 저자 앙드레 뒤셴은 이 책에서 완전하게 '분류된' 고대 예술품들의 목록을 제시하는데, 나열하면 다음과 같다.

36) Louis de La Trémoille, dans *Réunion des Sociétés de beaux-arts des départements*, 5e Série, t. VIII, 1874. L. Réau가 앞의 책 t. I, p.143에서 인용.

"어느 웅장한 원형 극장의 귀중한 잔해와 폐허(오늘날엔 사라진)"
인 부르주의 원형 경기장들, 푸아티에 근처 두에라퐁텐에 있는 "로마
인들에 의해 축조된 듯하고, 립시우스[37]의 저서 『원형 극장들』에 설
계도가 재현되어 있으며, 거의 완전체로 남아 있는 극장", 리옹에 있
는 "당당한 아우구스투스 사원의 기둥과 유물들", 님에 있는 "불가사
의한" 가르 다리와 원형 경기장들, 퐁텐이라 불리는 고대의 사원, "카
프 뒤에이" 또는 메종 카레, 고대 조각상들과 "마뉴 탑"[38] … 보르도
에 있는 "튀텔 성"과 "갈리엔 성", 저자가 "강철만큼 단단하고 견고한
시멘트 기둥들 (…) 대리석으로 된 바둑판무늬 포석"을 찬양한 아장
외곽의 고대 기념물들, 오랑주에 있는 "세계에서 가장 아름다운 극장
의 귀중한 폐허들, 우리는 감히 상상도 할 수 없는 너무도 경이로운
건축물의 정사각형 모양 석벽 … 그리고 말 탄 인물들의 전투가 지극
히 예술적으로 재현되어 풍요로울 뿐 아니라, 에워싼 담에 의해 바람
과 시간에 의한 파괴로부터 안전하게 보호되어 온 개선문."

그렇지만 고대 기념물을 향한 관심은 여전히 종종 로마 교황들의
정치에 동원되는 '수집가'적인 양상을 띠기도 했다. 1641년 리에[39]의

---

37) [역주] 유스투스 립시우스(Justus Lipsius, 1547~1606)는 르네상스기에 오늘날의 벨
기에 지역에 살았던 문헌학자이자 인문주의자이다.
38) [역주] '위대한 탑'이라는 뜻이다.
39) [역주] 리에(Riez)는 '로마의 리에'라는 뜻인 리에라로멘이라고도 불렸다. 남프랑스
알프드오트프로방스 지역에 속한 도시로서 고대에는 로마의 점령지였다.

집정관들은 리옹의 대주교 즉, 갈리아족의 최고 주교에게 그의 궁전을 장식할 수 있게끔 아폴론 사원에 있는 고대의 기둥들을 보내겠다고 제안했다. 님 시는 루이 14세의 환심을 사기 위해 메종 카레를 분해하여 베르사유 궁 정원으로 옮길 것을 제안하기도 했다. 고대 기념물에 대한 정권의 관심은 1671년 설립된 왕립 건축 아카데미의 건축가 양성과 아카데미의 교육 자료 수집을 위해서도 고취되었다. 그리하여 콜베르[40]는 1669년 아비뇽의 건축가 미냐르에게 랑그도크와 프로방스 및 다른 지방들에 있는 "건축적으로 뛰어난 아름다움을 지닌 고대 건축물들"을 재건하게끔 공적인 명령을 내렸으며, 1683년에는 왕립 아카데미 측에서 콜베르에게 랭스에 있는 개선문을 일으켜 세우도록 요청하였다. 건축 아카데미 학생 자키에는 님에 있는 대건축물과 가르 다리가 내려앉지 않게 보수하였다.(1709년 5월 16일의 조서) 이와 동일한 관심은 또 다른 아카데미, 즉 고대 기념물과 금석학(金石學), 화폐(또는 메달) 연구가 주를 이루는 '금석학과 문학 아카데미'에서도 발견된다. 고몽 후작, 므위델, 르뵈프 수도원장, 미냐르는 생사마 또는 생트 다리, 오랑주의 개선문이나 콩타의 기념물들에 관해 장문의 견해를 개진하였다. 그러나 이 기념물들은 찬양을 받

---

40) [역주] 장 바티스트 콜베르(Jean-Baptiste Colbert, 1619~1683)는 루이 14세 시절의 궁전 관리부 총감이자 재정 총감이었다. 중상주의 정책을 펴 당대 프랑스 산업을 부흥시키고 허약해진 경제를 회생시킨 정치가로서, 한때는 왕실의 거의 모든 국사를 도맡기도 하였다.

앉지만 필요에 따라 유적을 옮기려 할 때 별로 중요한 고려의 대상이 되지 않았다. 중요한 것은 지식이지 보존이 아니었기 때문이다. 루이 14세는 1677년 보르도의 뛰어난 기념물인 '튀텔의 기둥'의 기념물을 헐어 버리게 했는데, 이 건축물은 거대한 기둥들의 불가사의한 집적물로서 이집트 룩소르 사원의 다주실(多柱室)을 연상케 하고 유미주의자들로부터 대대로 찬양받던 것이었다.[41] 이 유적은 여러 차례에 걸쳐 조각되었으며, 기둥에 붙어 있는 조각상들은 어쩌면 카르나발레 저택의 저부조 장식에 영감을 주었을지도 모른다. (이 기둥들의 파괴를 위해 루이 14세가 내세운 이유는 단호했는데, 트롱페트 성 요새의 확장을 위해서였다.) 보르도는 이렇게 하여 주요한 고미술품을 잃었다. 스퐁[42]은 용기 있게 왕실의 명령에 항의하면서 핵심적 개념을 담아 글로 표현하였다. "우리는 왜 로마 황제들의 작품이며 수호를 위해 제작된 기념물인 이 신들의 기둥을 파괴하는가…"

골동품 수집벽이 문화재에 대한 인식을 고양하지는 않았다. 문화에 대한 인식은 지적 노력 이상의 것을 요구하기 때문이다. 들로롬은 리옹 근처 몽필라의 수로를 조사해 기록을 남겼으며(1760), 무통은

---

41) 루이 14세는 또한 포르루아알데상의 수도원과 고딕 성당을 허물어 버리기도 했다. 그러나 그것은 로마인들이 카르타고에 대해 행했던 것과 같은 정치적 증오의 반영이었다.

42) [역주] 자코브 스퐁(Jacob Spon, 1647~1685)은 리옹 출신의 인문주의자로서 의사이자 고고학자였다. 『리옹 시에 있는 고대의 유적과 진기한 것들을 찾아서(Recherche des antiquités et curiosités de la ville de Lyon)』(1683)를 썼다.

켈뤼스와 마리에트의 요청에 따라 님에 있는 기념물들을 복제하였다 (1766). 당빌은 1760년 『고대 갈리아에 대한 개요』를 출판하였고, J.-B. 그로송은 1733년 『역사와 미술에 관련된 마르세유의 고대 유물과 기념물 모음』을 출판하였다. 또한 그리뇽은 아카데미의 통신회원으로서 "왕의 명령에 따라" 주앵빌과 생디지에 사이에 있는 샤틀레 언덕의 발굴에 착수하였다(1774).[43] 그러나 사람들의 몰이해 속에서 문화재 파괴는 계속되었다. 어떤 사람은 "이상야릇한 것을 치워 버려야 한다"면서 1773년 생트콜롱브레비엔에 있는 모자이크를 파괴하였다.[44] 루이 16세는 1778년 엑상프로방스 지역에 있는 백작 궁전과 그에 속한 로마 마우솔레움을 헐어 버리게 하였다. 1781년 제퍼슨은 남부 프랑스의 고대 유적들, 특히 오랑주 극장의 외벽이 파괴되는 것

---

[43] [역주] 필리베르 들로름(Philibert Delorme, 1510~1570)은 르네상스기 프랑스 건축가로 앙리 2세 치세에 활동했다. 안 클로드 드 켈뤼스(Anne Claude de Caylus, 1692~1765) 백작은 고고학자, 문학가, 판화가, 수집가였으며, 피에르 장 마리에트(Pierre-Jean Mariette, 1694~1774) 또한 판화가, 미술사가, 출판업자, 수집가였다. 장 바티스트 당빌(Jean-Baptiste Bourguignon d'Anville, 1697~1782)은 왕실 지리학자이자 당대 최고 지도제작자였다. 장 바티스트 베르나르 그로송(Jean-Baptiste-Bernard Grosson, 1733~1800)은 역사학자이자 고고학자였다. 피에르 클레망 그리뇽(Pierre-Clément Grignon)은 켈뤼스 백작의 제자로 제련업자이자 고고학자였는데, 루이 15세의 명에 따라 샤틀레 지역의 발굴을 맡았으며 금석학과 문학 아카데미 통신회원으로 발굴 결과를 아카데미에 보고하였다. 이 발굴에서 프랑스 고고학 최초로 과학적이고 분석적인 방법이 도입되었다.
[44] [역주] 프랑스 론 지방 생트콜롱브레비엔의 포도밭 바닥에서 1825~1826년에 발견된 모자이크들을 말한다. 매우 아름답고 풍요롭게 장식된 이 모자이크는 바쿠스, 사계, 오르페우스와 동물들, 포도나무 등을 표현하였다.

을 바라보며 격분하기도 하였다.

왕실의 성

왕이라고 해서 그들 자신의 기념비적인 문화재, 즉 왕실이 직접 건설한 건축물들을 더 존중한 것은 아니었다. 이 부분에서도 프랑수아 1세의 치세는[45] 특별히 계시적이다. 강력한 혁신주의자였던 프랑수아 1세는 당연히 중세 예술에 무관심하였고 그것을 거부하기를 권장하였다. 그가 원한 몇몇 기념물들은 과거의 산물인 어둡고 반듯하지 않은 도시를 향해 던져진 도전장과 같았다. 파리인들이 강요받다시피 갖게 된 건축가 보카도르의 시청 건물은 바로 그렇게 생겨난 것이다. 그 어떤 상징도, 설령 그것이 프랑스 왕의 봉건 군주적 권력의 전통적인 위상을 보여 주는 위엄 있는 것일지라도 근대화를 향한 이러한 결의에 반하여 유지될 수는 없었다. 그리하여 프랑스의 모든 봉토를 복속시켰던 루브르궁의 육중한 탑은 제거되었다. 필리프 오귀스트의 거대한 둥근 주루가, 그것이 점유하고 있던 루브르궁의 안뜰을, 정확히 말해 공간과 빛을 되찾기 위해 1527년 대소동 속에서 붕괴된 것이다.[46] 그러나 이 주루의 이미지는 너무도 강력하여 그것이 붕괴

---

45) [역주] 프랑수아 1세(François I, 1494~1547)는 발루아 왕가 출신으로 1515년 왕위에 올랐다.
46) [역주] 루브르궁은 1190년경 필리프 오귀스트 왕이 축조를 결정하였으며, 당시에는 사각형의 중정 중앙에 거대한 원형 주루가 위치해 있었다. 이 주루는 프랑스 왕권의 상징

된 이후에도 프랑스 국왕에 대한 봉건적 서약들에는 계속해서 "루브르궁의 존귀하고 육중한 탑에 귀속하는"이라는 언급이 따라붙었다. 탑의 존재는 추상적인 개념만으로도 충분했다. 이 유령 건축물은 상상 속에서 루이 16세의[47] 몰락기까지 존재하였다. 루이 16세 시절에는 군주제의 또 다른 매우 중요한 주루가 무너지는데, 바로 시테 섬의 궁전에 있는 주루로서 루이 6세[48]가 축조하였으며 그곳에 갇혔던 유명한 인물로 인해 몽고메리 탑이라 칭했던 것이다. 이 주루는 1776년의 화재 이후 개축 공사 과정에서 사라졌다. 루브르궁 탑의 붕괴는 눈에 띄지 않을 수가 없었다. 한 무명의 파리 부르주아는 자신의 『일기』에 이러한 반박을 담아냈다. "그 탑은 너무도 아름답고, 높고, 강했다."

프랑수아 1세와 루이 16세의 비교는 또 다른 측면에서도 가능하다. 두 사람 모두 자신에게 직접적으로 유용하지 않으면서 부채가 많은 재정 상황에 유지비까지 많이 드는 거대한 영지에 직면해 있었고, 따라서 그것을 양도하거나 없애 버려야 한다는 결론에 이르렀던 것이다. 그러나 이를 위해서는 왕실의 영지를 양도하지 못하게끔 한 선

이었으며, 왕이 소유한 모든 봉토들은 '루브르의 주루'에 속한다고 언급되곤 하였다.
47) [역주] 루이 16세(Louis XVI, 1754~1793)는 부르봉 왕가 출신으로 1774년에 왕위에 올랐으며, 프랑스 혁명으로 폐위된 후 단두대에서 처형되었다.
48) [역주] 루이 6세(Louis VI, 1081~1137)는 카페 왕조의 4대 왕으로서 1108년에 왕위에 올랐다.

대의 왕명을 위반해야 했다. 프랑수아 1세는 망설이지 않았다. 샤를 5세[49]의 유언을 단호히 거스르는 1543년의 공개서한을 통해 그는 선조로부터 상속받은 파리의 왕실 영지들을 분양하여 팔기로 결정했다. 그것은 바로 아르투아, 플랑드르, 탕카르빌, 렌, 생폴에 있는 저택들로서, 어마어마한 짐 덩어리이자 도시의 확장을 방해하고 있던 것들이었다. 이러한 경위로 샤를 5세의 "거대한 유흥장"으로 유명세를 날리던 저택이 사라졌고, 생폴 구역의 일부가 매매되었다. 카트린 드 메디치와 샤를 9세[50]도 이러한 본보기를 이어받아 1564년 투르넬의 저택을 부수고 분양하도록 하였다. 샤를 9세는 또한 1570년에 생트 솔렌드블루아의 교구 재산 관리위원들에게 종교전쟁 때 위그노들이 파괴한 교회를 재건하라며 "샹보르 성의 탑 중 하나의 골조와 지붕"을 넘겨주었다. 왕들이 시대의 유행에 따라 성을 건설하는 일에 푹 빠져 있었을 때, 바로 앞선 치세의 성들은 빈번히 관리 부족과 망각, 쇠락에 처해 있었다. 파리 지역에 열을 올리느라 방치된 루아르 계곡[51]은 이미 돌이키기 힘든 지경에 이르렀다. 샹보르 성은 금세 유행

---

49) [역주] 샤를 5세(Charles V, 1338~1380)는 발루아 왕가의 제3대 왕이며, 1364년에 왕위에 올라 '현명왕(Charles le Sage)'이라는 별칭으로 불렸다.

50) [역주] 샤를 9세(Charles IX, 1550~1574)는 앙리 2세와 카트린 드 메디치(Catherine de Médicis)의 아들이다. 형인 프랑수아 2세의 죽음으로 10세 때 왕위에 올라 카트린 드 메디치의 섭정이 이루어졌다.

51) [역주] 프랑스 중서부 루아르 강 주위의 루아르 계곡에는 15세기와 16세기에 왕과 귀족들의 휴양지로 많은 성이 지어졌다. 이 성들은 아름다운 자연을 배경으로 건축적으로 빼

에 뒤떨어진 것이 되었으며, 블루아 성과 앙부아즈 성은 종교전쟁 시기에는 재차 활용되기도 했지만 17세기를 지나면서 점차 방치되었다. 관리 소홀로 인해 이 성들은 노후해 갔지만, 누구도 분개하지 않았다.

앙드레 뒤셴이 『프랑스의 고대 유적들』에서 찬양한 왕실 성들의 이름을 거론해 보는 것도 흥미롭다. 그는 파리의 성들 다음으로 생제르맹앙레 성, 매우 중요하게 취급한 샹보르 성, 퐁텐블로 성, "진정한 왕실 저택"인 몽소레모 성, 마지막으로 "그리스도교 세계 전체를 통틀어 견줄 것이 없는" 포 성을 언급하며 끝을 맺는다. 그는 다른 민간 건축물들도 언급했는데, "장엄하다"고 평가한 부르주의 자크쾨르 저택, 아(Ha) 성, 보르도에 있는 트롱페트 성과 움브리아 성, 페리괴의 베존 탑, 루이 14세가 1651~1653년에 제거하도록 한 부르주의 거대한 탑, 아비뇽에 있는 교황의 궁전과 생베네제 다리, 디종의 대공 궁전, 본에 있는 대병원, 캉의 시청 등이 그것이었다. 이것은 박식함을 바탕으로 작성한 일종의 순위 목록으로, 보다 포괄적인 식견으로 나아가는 서막이 될 수 있었다. 그러나 기조와 미슐레가 지적했듯이, 그 누구도 건축물에 둘도 없이 소중한 프랑스의 역사가 새겨져 있다는 생각을 갖지는 못했다.

어나다는 평가를 받는데, 특히 샹보르 성, 슈농소 성, 앙부아즈 성, 위세 성, 블루아 성 등이 유명하다. 현재 80여 개의 고성이 남아 있으며, 2000년 유네스코 세계 문화유산으로 지정되었다.

가장 아름다운 작품들조차도 왕이 변형이나 확장을 원할 때 또는 단순히 제거하고자 할 때 큰 부담이 되지 않았다. 필요에 의해 파괴하기로 결정된 기념물들에 대해서는 본보기로서의 아무런 가치도 인정되지 않았다. 만일 교황 우르비노 8세가 반대하지 않았더라면, 리슐리외는 샹피니쉬르뵈드의 성과 성 루이(루이 8세가 자신의 조상이라고 강하게 주장했던)의 생애가 묘사된 거대한 스테인드글라스가 있는 멋진 교회를 주저 없이 파괴하게 했을 것이다.

18세기에 들어서는 무엇보다 점차 가중되는 재정적 압박뿐 아니라, 변덕스러운 유행을 좇고 무절제한 궁정인들의 증가에 대응하려는 이유로 희생물이 늘어난다. 그러나 그것은 희생으로 인식되지 못했고, 이미 유명하여 방문객이 많았던 예술품들에 대한 실로 놀라울 뿐인 무관심을 드러낸다. 오를레앙 공 필리프의 섭정기[52]인 1719년 생드니에서는 성직자들의 요청에 의해 발루아 왕조의 원형 묘소가 파괴되었다. 퐁텐블로에서는 1725년 프리마티스 극장이 사라졌으며, 1738년에는 특히 유명한 율리시스 화랑이 작은 주거지를 만든다는 명목으로 사라졌다. 베르사유에서는 군주제 예술의 가장 눈부신 걸작 중 하나이자 왕정 '공연' 예술의 백미 중 하나인 '대사의 계단'이 1752년에 사라졌는데, 이 희생은 고작 공주의 거처를 조성하려는 필

---

52) [역주] 조카의 손자인 루이 15세를 위해 오를레앙 공 필리프가 섭정을 하던 시기 (1715~1723)를 말한다.

요 때문이었다. 미나르의 그림으로 장식된 작은 화랑도 이때 파괴되었다. 여기서 우리는 기념비적인 문화재란 개념이 군주제에 얼마나 낯선 것이었는지를 잘 알 수 있다. 루이 14세는 다양한 이유로(루이 13세가 성에 대해 애착을 가지고 있었던 것도 그중 한 이유였지만 주된 것은 아니다) 도시 근처에 벽돌과 돌로 이루어진 날개벽들을 보존했다. 루이 15세는 웅대한 획일화를 실현한다는 명목으로 건축가 가브리엘[53]에게 기존의 것을 모두 없애고 규칙적인 형태의 돌로 된 거대한 파사드를 만들도록 요구했다. 로렌 지방에서는 루이 16세의 장인(丈人)인 스타니슬라스 왕의 성이 무너져 내리도록 놔두거나 파괴시켰다. 앞서 이미 살펴보았듯이, 엑상프로방스의 옛 백작 궁전은 1776년 파괴되었다. 1688년 투르에 세워진 개선문은 1774년 허물어졌다. 우리는 특히 루이 16세가 결정한 것들을 기억해야 하는데, 루이 14세의 출생지였던 생제르맹앙레의 '새로운 성'[54]은 1777년 헐렸고, 왕실은 1788년 2월 칙령을 내려[55] 뮈에트 성과 불로뉴 숲에 있는

53) [역주] 자크 앙주 가브리엘(Jacque-Ange Gabriel, 1698~1782)은 루이 15세 때 활약한 왕실 건축가이며, 왕실 건축 아카데미의 교장이자 프랑스 신고전주의 건축 양식의 선구자였다. 베르사유 궁전을 위해 프티트리아농을 설계했으며, 루이 15세의 명령으로 궁전의 거대한 파사드를 재구성하였다.

54) [역주] 앙리 2세가 중세에 지은 이 성은 루이 14세가 한동안 주요 거주지로 사용하였으나, 1682년 이곳을 떠나 새로 단장한 근대적인 '오래된 성' 베르사유 궁으로 옮겨가면서 비어 있게 되었고 '새로운 성'으로 불리게 되었다.

55) F. Vauthier, "Quatres châteaux royaux à vendre en 1787", *Bulletin de la Société de l'histoire de l'art français*, 1913, pp. 164~173.

마드리드 성, 뱅센 성과 블루아 성을 매각하고 파괴하게 하였다. (자료 5 참고)

여론의 자각

심사숙고 끝에 보존하기로 결정한 예는 드물다. 파리에 관한 세 일화는 여론의 점진적인 자각 과정을 보여 주며, 보존에 대한 프랑스혁명위원회의 관심을 촉발시킨 전문가 집단의 의식 형성 과정을 증언한다.

앙리 3세 치세(16세기)에 생탕투안 문에는 파리로 들어가는 동쪽 입구를 장식할 목적으로 바스티유 성채 옆에 최초의 개선문이 세워졌다. 투박한 아치로 처리된 문 위쪽은 센 강과 마른 지역을 재현한 저부조가 장식되어 있었다. 건축가 블롱델은 1671년 이 문을 대폭 변형시키는데, 이때 그는 16세기에 제작된 중앙 부분과 저부조 장식을 재활용하는 데 관심이 있었다. 블롱델은 프랑수아 앙기에와 반 옵스탈에게 새로운 장식을 주문하면서 그 안에 그것들을 집어넣도록 했다. 루이 16세 시절에는 파리로 들어가는 네 입구 중 두 개, 즉 생탕투안 문(1778)과 생베르나르 문(1787)이 파괴되었다. 16세기의 저부조는 또다시 떼어 내어 별도로 보관되었으며, 오늘날에는 클뤼니 중세 박물관에 소장되어 있다. 카트르메르 드 캥시[56]가 유일하게 이러

---

56) [역주] 앙투안 카트르메르 드 캥시(Antoine Chrysostome Quatremère de Quincy,

한 파괴를 애도했다.(자료 6 참고)

현재의 상품거래소 옆에 있는 카트린 드 메디치의 점성술 기둥에 대해 최초의 보호 조치 중 하나를 취한 파리 시에는 경의를 표할 만하다. 보나미의 논문 「수아송 저택에 관한 역사적, 지형학적 기술」[57]은 새로운 역사적 감수성이 꽤 보기 드문 방식으로 드러나는 표현들을 사용해 1750년의 일화를 들려준다.

수아송 저택이 완전히 파괴된다면, 머지않아 우리는 그 터에 들어설 새로운 길과 건물들로 인해 우리 자신이 사는 도시를 낯설게 느끼게 될 것이다. 몇 세기가 지나지 않아 사람들은 저 유명한 저택이 있었던 자리를 찾아보게 될 것이다. (…) 장 뷜랑[58]이 세운 이 유명한 기둥에 대해서도 잊지 않고 말해야겠다. (…) 수도의 경관을 장식하려는 우리 시 행정관들의 엄청난 열의는 이러한 파괴를 용인할 수 없었다. 파리 시 사무국은 관리 엠 드 베르나주의 권한 하에 유적 하나를 구입했는데, 트라잔과 앙토닌의 기둥에 비견할

1755~1849)는 고고학자, 철학자, 미술평론가이자 정치가였다. 고대 건축에 대한 『방법론적 지식 총서(Encyclopédie méthodique)』를 펴냄으로써 고고학자로서 초기 명성을 얻었고, 19세기 초 낭만주의와 신고전주의가 충돌하던 시절에는 신고전주의를 대변하였다.
57) *Histoire de l'Académie royale des inscriptions et belle-lettres*, t. XXIII (1750년경), p.262. 이것은 근대 건축물에 대해 아카데미가 펴낸 가장 오래된 단행본 연구서다.
58) 장 뷜랑(Jean Bullant, 1515~1578)은 르네상스 시대의 유명한 프랑스 조각가이자 건축가이다.

정도는 아니지만 적어도 전문가들에게는 높이 평가되고 같은 종류의 유적으로는 파리에서 유일한 것이다.

파리 시에 되팔긴 했지만 이전에 이 기둥을 매입한 첫 번째 인물은 바쇼몽이었다.

세 번째 일화는 우리를 혁명의 시기로 이끈다. 1785년 '죄 없는 자들의 묘지'[59]의 폐쇄가 결정되자, 생드니 거리를 따라 넓게 펼쳐질 야외 시장 공간을 마련하기 위해 납골당 건물들과 오래된 '죄 없는 자들의 교회'가 헐려 나갔다.[60] 조금 떨어진 페르 거리의 모퉁이에는 '죄 없는 자들의 샘'이 서 있었는데, 장 구종의 걸출한 작품(1549)인 이 샘은 직육면체 모양의 일종의 급수탑으로 두 면에만 장식이 있었다. 군중의 저항은 샘의 파괴를 막아냈으며, 아마 파괴되었더라면 여지없이 저부조 장식만을 따로 보관했을 것이다.(자료 6 참고) 그리하여 이 샘은 건축물 전체가 살아남았으며, 기술자 시스가 조심스럽게 분해하고 푸아예와 몰리노, 르그랑이 재조립하여 일정한 모양의 네 면을 갖춘 탑 형태로 시장 한가운데 서 있게 되었다(1789). 조각가 파

---

59) [역주] 파리 중심부 레알 지역에 있었던 '죄 없는 자들의 묘지(Cimetière des Innocents, 또는 무고자 묘지)'는 '성 무고자 묘지'로도 불린다. 기원전 헤롯 왕의 명령으로 학살된 2세 이하의 유대교 어린이들을 추모하여 지어졌다.

60) 마르셀 포에트(Marcel Poète)가 구 파리위원회(Commision du Vieux Paris)에 보고한 자료, *Procès-verbaux*, 8 juillet 1916, pp.89~91.

주는 세 개의 물의 요정 나이아스 조각을 새롭게 첨가하여 장 구종의 장식을 완성하는 임무를 맡았다.[61] 이것은 역사 기념물을 관리하는 기관들의 앞으로의 활동들을 예고한다.

1703년 로제 드 게니에르는 퐁샤르트랭 재상[62]에게 국왕인 루이 14세에게 올리는 의견서를 제출했다. 그것은 "기념물에 관심을 가진 사람들이 명시된 허가 없이는 그것을 파괴할 수 없도록 보호하는 한편, 지방으로 가서 기념물들을 그려 올 책임자를 위임한다"[63]는 자문 회의의 의결을 얻어 내기 위한 것이었다. 1783년에는 고고학에 심취한 파리 시민 메르시에 수도사가 같은 의견을 개진하여, 옛 기념물 중 어느 것도 공공 당국의 선행 조사 없이는 파괴될 수 없도록 요청하였다.[64] 이렇게 앙시앵 레짐 말기 파리에서는 이미 공동체의 문화재로 간주되는 기념물들의 파괴를 막기 위해 공권력에 맞서 싸우기로 결심한 개화한 여론이 형성되고 있었다. 그 싸움은 물론 정중히

61) *Système de l'architecture urbaine: le quartier des Halles à Paris*, Paris, 1977, p.323 et n°73, p.342.

62) [역주] 로제 드 게니에르(Roger de Gaignières, 1642~1715)는 중세 유물 수집가이자 학자였다. 그의 수집품들은 현대 역사가 및 미술사가에게 중요한 연구 자료들을 제공해 준다. 루이 드 퐁샤르트랭(Louis II Phélypeaux de Pontchartrain, 1643~1727)은 루이 14세 시절 의회 고문직을 수행한 인물이며, 한때는 재무총감(재상)과 총리대신(수상직)을 겸하기도 했다.

63) "La France monumentale vers 1700 d'après les dessins de la collection Gaignières" 전시 도록, Paris, Bibliothèque nationale, 1964.

64) 장 위베르(Jean Hubert)에 의해 인용. *L'Archéologie mediévale*, op, cit., p.283.

행해졌지만 실행 수단을 동반하였고, 그 수단의 효율성은 1789년의 혁명기부터 명백히 증명되었다. 언론이 바로 그 수단이었다.

이러한 일화들에 관한 새로운 발견 없이는 혁명기의 잇따른 파괴로 인해 촉발된 폭발적 감정을 제대로 이해하기 쉽지 않다. 그것은 자연 발생적으로 얻어진 열매가 아니었으며, 최초로 형성된 공동체 의식의 표현이었다. 여기서 특히 주목해야 할 점은 이러한 의식이 무엇보다 공적인 민간 건축물 또는 공공의 것이 된 건축물들을 파괴로부터 지켜냈다는 것이다. 개선문, 파리 시가 구입한 점성술 관측 기둥, 샘이 그 사례이다. 사상의 자유가 증대하면서 문제시된 종교적 기념물, 그리고 점점 더 논란의 대상이 된 바로 그 왕권의 재산임이 분명해 보이는 순전한 군주제의 기념물들 곁에는 '시민'의 문화재가 존재했다. 그것은 북유럽 도시 사회의 공공 건축물들과 마찬가지로 시민 생활의 반영물이었다. 이러한 문화재를 구성하는 기념물은 그 수가 미미하고 때로는 존중조차 받지 못했으나, 이 시기에 폭발적인 애착을 불러일으키게 된다. 나폴레옹은 그것을 재빨리 간파하여 자코뱅주의자들이 모이던 건물들을 헐어 버렸다. 곧 그리고 19세기 전체에 걸쳐 파리 시청에 대한 새로운 신성화가 이루어지는데, 파리코뮌에 참여했던 인물들은 그것의 상징적 가치를 절망적인 것으로 인식하여 1871년에 불을 질러 망가뜨리기도 하였다.

자료 3

프랑수아 1세의 님 체류에 대한 이야기는 그 도시의 역사가인 레옹 메나르에 의해 우리에게 전해진다.

"왕께서는 님에서 여러 날을 머무르셨다. 그분께서는 체류하는 동안 고대 유물에 대한 너무나도 각별하고 영광스러운 취향을 증명하였으며, 여기에 그것에 대한 회상을 적지 않는다면 이는 그분의 삶의 역사를 장식할 가장 명예로운 흔적들 중의 하나를 앗아 가는 일이 될 것이다. 이 도시의 고대 기념물들에 군림하는 아름다움을 갈망하는 이 위대한 군주께서는, 특별한 관심을 가지고 그 기념물들을 모두 방문하셨다. 그분께서는 원형 극장의 가장 깊은 지하실로 들어가셨다. 그분께서는 마뉴 탑의 형태와 대칭의 미를 더 잘 살펴보기 위해 누옥들로 올라가셨다. 한마디로, 그분께서 돌아보며 찾지 않은 것들은 건축물로서나 고대 기념물로서 빼어난 것이 전혀 없는 것들이었다. 우리는 그분께서 더 잘 판독하고 쉽게 읽기 위해 땅바닥에 무릎을 꿇으시고 로마의 비문들을 덮고 있던 먼지를 손수건으로 닦아 내는 것을 보았다. 예술이 구현해 낸 이 모든 위대하고 오랜 경이로움에 대한 경탄으로 충만한 그분께서는 그것들을 보존하기 위해 우리가 들이는 노력이 너무도 적다는 사실에 격분한 듯했다. 그리하여 이러한 소홀함 때문에 느껴진 불쾌감을 공개적으로 표출하셨다. 그분께서는 출발하기 전에 원형 극장의 두 개의 주랑 안에 지어 놓은 몇 개의 건축물을 부수도록 명하셨는데, 이것들은 회랑들의 질서와 연속성을 깨뜨리거나 가리고 있었다. 그분께서는 또한 메종 카레, 즉 이 웅장한 대건축물의 안쪽이나 바깥쪽에 덧붙여진 몇 개의 최신식 건축물도 부수도록 명하셨는데, 그것들은 잘못된 일군의 벽돌 공사로 인해 이 건축물의 모양을 흉하게 훼손하였고, 그것의 아름다움을 파괴하고 숨겨 버렸다."(『님 시의 역사』, 1753, t. IV, p.127.)

왕의 행차 시 안내를 맡았던 의사 앙투안 아를리에는 왕에게 은으로 된 원형 경기장 모형을 가져다 드리는 임무를 맡았다. 왕은 그 안에 담긴 문장들에 대해 질문하였고, 아를리에는 아첨하여 악어를 프랑수아 1세의 상징인 불도룡뇽과 유사한 것처럼 설명하였다.

자료 4

1548년 9월 랑그도크의 총독인 안 드 몽모랑시는 아를이나 오랑주에 있는 고대 유적들 이상으로 프랑스의 보배로 여겨지는 님의 고대 유적들에 대해 주목할 만한 칙령을 내렸다. 그에게 영감을 준 사람은 고대의 가치들에 푹 빠져 있었던 장 뷜랑이었을 것이다.

"앞서 말한 도시를 지날 때, 우리는 아름답고 거대한 고대의 건축물들을 보았다. 그 건축물들은 랑그도크 지방의 자랑이자 이 왕국의 영광으로서, 감식가들이라면 그 건축술에서 희열과 유익한 경험을 얻을 만하다. 그런데 그 도시의 몇몇 이들이 이 고대 유적들을 감추고 손상하고 파괴하고 있다. 이에 우리는 그대들에게 칙령을 내려 (…) 보호할 것을 명하며, (…) 앞서 말한 고대 저택의 소유자들은 누구든 그 고대 유적들을 허물지 말 것이며, 그것을 가리거나 숨길 위험이 있는 어떤 새로운 건물도 짓지 말 것을 명한다. (…) 그대들에게 사전 고지 없이 그 도시의 왕의 사람들과 함께 그곳을 방문할 수 있으며 (…)"

자료 5

1788년의 칙령은 네 개의 성에 대한 양도와 파괴를 명령함으로써, 왕실 영지의 쇠퇴기를 보여 준다.

"우리가 관리에서 손을 떼려고 하는 성들에 관하여, 우리는 그것들이 어떤 영역에서도 이익을 내지 못하는 데다 웬만한 산물로는 손해가 상쇄되지 않아 관리에 부담을 안겨 줄 뿐만 아니라, 이제는 단지 유흥을 위한 장소로밖에는 사용할 수 없고 앞으로도 그렇게 될 사물들을 대변하고 있다고 판단하였다. 우리는 그러한 건물들이, 권리를 양도할 수 없는 소유물임에도 우리 왕국의 법률에 의해 항상 영구적인 양도 허가가 이루어졌던 불모지들과 유사할 뿐이며 우리의 루브르, 베르사유, 마를리, 생제르맹 또는 뫼동의 성과는 비교될 수 없다고 판단하였다."

퐁세 드 라 그라브[65]는 뮈에트 성을 무가치한 것으로 판단하였고

(『왕실의 저택들』, 1788~1789) 이 성은 이미 헐려 버린 마드리드 성처럼 제거되었다. 블루아 성은 이미 해체된 상태였으며, 마리니는 그곳의 골조 중 가장 긴 들보들을 가져다 자신의 메나르 성을 보수하는 데 사용하였다.[66] 이 성은 뱅센 성처럼 일련의 사건들에 의해 구제되었다.

자료 6

1787년의 신문 캠페인.

1787년 2월 11일자 「주르날 드 파리」는 카트르메르 드 캉시가 그해 1월 31일에 쓴 편지를 게재함으로써 '죄 없는 자들의 묘지'의 파괴에 대한 반응을 드러냈다.

"나는 고딕 시대에 만들어진 우리의 카타콤(지하 공동묘지)을 에워싼 주택들의 파괴가 진척되는 것을 바라보며 근심을 지울 수가 없다. 나는 아테네와 로마도 자랑스럽게 여겼을 이 아름다운 작품(샘)을 보며 매일 전율을 느끼며, 건강을 위해 이 구역을 추방하는 것은 그 자리에 전반적인 폐허를 불러들이고 말 것처럼 보인다. 내 안의

---

65) 기욤 퐁세 드 라 그라브(Guillaume Poncet de La Grave, 1725~1803?)는 왕실의 역사가이다.

66) [역주] 메나르 성은 12세기에 축조되었으며, 1760년대 중반 왕실의 건축 감독으로 있던 마리니 후작(marquis de Marigny)의 소유가 되었다.

예술에 대한 사랑이 대중의 안위를 고려한 자비로운 시선에 의해 주도된 계획들에 반하는 그 어떤 불만의 소리도 내지 않기를! 모든 것에 관심을 가진 계몽된 세기가 그 자신이 수치스러운 흔적을 지우는 데 열심인 고트족의 야만적인 행위에 비견할 만한 테러를 스스로에 반해 벌이고 있으며(고딕 시대의 죄 없는 자들의 교회와 무덤 건물들의 파괴를 통해), 프랑스 조각 걸작의 파괴를 염려해야 한다는 생각이 내 머릿속에 들어오지 않기를! 그러나 과거의 예들은 나를 공포에 빠뜨린다. 나는 아직도 생탕투안 문의 개선문 파괴를 기억하며, 그것을 장식하던 아름다운 조각들은 해체된 후 잘 보존되고 있다기보다는 대중의 찬미를 빼앗긴 셈이 되었다. (…) 만일 각 세기의 정수가 담긴 건축물들이 노쇠해 가면서 그것을 신성하게 만들어 주는 이러한 대중의 숭배를 얻는 대신, 유행의 덧없는 산물들처럼 내일의 건축물을 위해 어느 날 자리를 내주어야만 한다면 예술의 역사는 어찌 되겠는가?"

「주르날 드 파리」의 편집국은 같은 주제에 관해 여러 통의 편지를 받았다고 말하면서, "정부의 의도는 모든 예술 애호가들의 바람과 완전히 일치한다"라고 알림으로써 독자를 안심시키고 있다.

3. 가문과 문화재

　왕실의 상징들을 떼어 놓고 본다면, 앙시앵 레짐의 군주제의 사례는 마치 가족 집단처럼 기능한다고 말할 수 있다. 사실 우리는 문화재라는 용어를 일반화시킴으로써 그것에 공동체 의식에서 탄생한 공동의 재산이란 개념을 새겨 넣을 수 있었다. 실제로 이 단어는 아버지에서 아들로, 한 세대에서 다른 세대로 양도된 가산(家産)이란 의미를 선험적으로 지니고 있다. "교회에 기부된 재산은 빈자들의 세습유산이 되어야 한다"는 표현에서 보듯이, 문화재라는 말의 최초의 공동체적 의미는 양도할 재산이 없는 사회 계급에게 그것을 대신할 산물을 제공하기 위해 생겨났음은 자명한 사실이다. 동일한 의미에서, 이 용어는 "성 베드로의 세습 유산"인 교황령(領)을 지칭하는 데 사용되었다.

  상속 유산 중 양도가 가능한 특정 부분은 그 인물보다는 그의 재산
의 고유한 상징으로 간주되기도 했다. 마키아벨리는 그것을 혹독하
게 빗대어 이렇게 말했다. "사람들은 가산의 상실보다 아버지의 죽음
을 더 빨리 잊기 때문이다."[1] 이러한 신랄함과 어느 정도 비길 만한
다른 경우들도 있다. 유산에 대한 감정은 대단히 강하여, "대습 상속
인의 지정"을 통한 유증[2]이라는 법률적인 정의를 탄생시킬 정도였
다. 이것은 아버지에게는 용익권만 주고 가산이 할아버지로부터 손
자로 강압적으로 전해지게 하는 제도로서, 계승 과정의 위험한 상황
을 성공적으로 뛰어넘고 가산이 분별없는 탕진으로부터 보호되어 가
족 내에 존속할 수 있도록 해 준다. 로마법을 계승한 이 법률 조항은
권세 있는 가문들에서 이용되었는데, 예를 들어 파리의 기즈 저택은
로랭 추기경에서 마리 드 기즈에 이르기까지 여러 세대에 거쳐 "대습
상속인을 내세워" 상속되었는데, 그로 인해 특히 앙리 2세 공작 시절

---

1) [역주] 마키아벨리의 『군주론』에 등장하는 문구다. 전후 문장은 다음과 같다. "만약에
누군가를 제거해야 하는 일이 벌어진다면, 그러한 결정에는 이유가 따라야 하며, 이 엄밀
한 행위는 매우 정당하게 보여야 할 것이다. 그러나 더욱 신중을 기하고 조심해야 할 것은
재산을 빼앗는 것인데, 사람들은 가산의 상실보다 아버지의 죽음을 더 빨리 잊기 때문이
다."(*Oeuvre complet*, de Machiavel, Tome III, trad. J.V. Périès, Paris, Michaud,
1823, 참고)
2) [역주] 대습(代襲) 상속이란 상속인이 될 직계 비속 또는 형제자매가 상속 개시 전에 사
망하거나 결격자가 된 경우에, 법률에 의해 그의 직계 비속 또는 배우자가 상속 순위로서
상속인이 되는 것을 뜻한다. 유증(遺贈)이란 유언에 의한 유산 증여를 뜻한다.

에 양도를 모면할 수 있었다. 같은 생각에서 또 다른 전통적인 법률 조항도 생겨났는데, 바로 가문의 초상화의 운명과 관련된 것이었다. 잇단 상속 과정에서 매매되는 것을 피할 수 있도록, 가문의 초상화는 사후 재산 목록에서 재산으로 평가되지 않고 단순히 기재만 되었다. 그리하여 선조들의 모습이 후손들에게 남아 있게끔 한 것이다. "가문의 초상화는 재산에 속하지 않으며, 자손 중 장남에게 귀속된다. 자손들은 저마다 자기 가족의 초상화를 맡아야 한다. (…) 결과적으로, 가문의 초상화는 목록으로 작성되어서는 안 된다."[3]

성유물에 대한 애착과 반달리즘으로 인한 피해가 이미 많은 연구의 대상이 되었던 반면, 세습 가산에 대한 가족의 애착이나 무관심에 대한 연구는 거의 이루어지지 않은 상태로 남아 있다. 그와 관련한 자료는 수집하기가 어렵기 때문이다. 여기서 우리는 기껏해야 연구 방향에 대한 논의를 제공할 수 있는 몇 가지 예를 인용하였을 뿐이다. 문화재 개념의 '엘리트주의적' 토대를 주제로 삼는 논거를 취해야 한다는 불편함을 감수한다면, 그 예들이 본질적으로 귀족 계급과 관련된다는 사실은 그리 놀랍지 않을 것이다. 가문의 연속성이 가장 확고하게 그리고 보다 긴 기간에 걸쳐 드러난 집단은 사실상 귀족 계급이고, 보다 빈번히 회고록 작가들의 관심을 끈 유명한 재산들도 바로

---

3) *Répertoire de la jurisprudence du notariat*, sous la direction de M. Rolland de Villargues, 2e éd., 1843. 저자는 앙시앵 레짐 말기 포티에(Pothier)가 출판한 개론서 『공동체에 관하여(De la communauté)』의 권위에 기대고 있다.

귀족들의 것이었다.

성의 소유는 양도되는 세습 가산의 가장 명백한 증거이다. 따라서 이 주제와 관련하여 사회적 범주와 시대의 변화에 따른 연구에 착수해야 한다. 우리는 세습 가산에 대한 애착이 건축물 그 자체보다는 오히려 봉토(특히 그 봉토가 부계의 것일 때)와 더 깊이 관련되어 있음을 금세 알아챌 수 있다. 테오필 고티에가 『프라카스 장군』에서 기막히게 묘사한 시고냑 남작[4]이나 콩부르에 늙은 부엉이처럼 은거했던 샤토브리앙의 아버지처럼, 앙시앵 레짐의 귀족들은 자신의 낡은 성을 재건하거나 개조할 재정 상태를 갖추지 못했을 때만 그곳에 집착했다. 17세기 그리고 특히 18세기에 이루어진 확장과 근본적인 변형 또는 그저 단순한 교체 수준의 공사들에 대한 연구는 프랑스 성의 역사에서 거대한 한 장(章)을 이룬다. 다른 많은 시대들이 그렇듯, 유행이 결정적인 역할을 하는 시대에는 조상들의 저택이란 준거 역할을 하고 혈통의 오랜 역사를 상기시키는 데만 유용할 뿐이다. 그런 이유로 사람들은 방문객에게 깊은 인상을 남기기 위해 기꺼이 탈메(코트도르) 성이나 라로슈기용 성의 낡은 탑을 보존했다. 보다 주목할 만한 예도 존재한다. 수비즈 대공과 그 부인은 오래된 기즈 저택을 파리에서 가장 화려한 대저택 중 하나로 만들기 위해 건축가 들라

---

4) [역주] 테오필 고티에(Théophile Gautier)가 1863년 발표한 소설인 『프라카스 장군 (Le capitaine Fracasse)』은 17세기를 배경으로 허물어져 가는 성에 고립된 채 살아가던 시고냑 남작이 어느 날 성을 버리고 유랑 극단을 따라나서면서 겪는 모험을 다루었다.

메르에게 개축을 의뢰하면서, 저택의 가장 '고딕적인' 부분을 남겨 놓게끔 하였다. 그 부분이 안뜰의 거대한 파사드의 끝에서 14세기 말에 지어진 클리송 저택의 요새화된 문의 망루들 위로 연결되는데도 말이다.5) 전체 설계에서 사라진 클리송 저택의 망루 중 하나는 원래의 형태를 기념하기 위해 심지어 아랫부분에 복제되어 있다. 이러한 태도를 취한 이유가 무엇인지 우리는 아무런 증언도 확보하지 못하였으나, 가장 개연성 있는 설명은 로앙 수비즈 가문 사람들이 바로 여기서 자신들이 프랑스 총사령관 올리비에 드 클리송의 후예이며 어떤 면에서 그들의 유명한 조상의 집에 살고 있다는 사실을 상기할 계기를 찾았다는 것이다.

이 자부심 높은 가문의 또 다른 일화를 보자. 마치 왕처럼, 18세기에 로앙 가문은 별 필요가 없는 수많은 성들을 거느리는 상황에 처하게 되었다. 로앙 추기경은 선조인 총사령관 기에로부터 물려받은 앙제 근처의 베르제 성을 처분하기로 결심했다.6) 그런데 성을 팔기 직전에 어느 귀인이 반응을 보이자, 그는 그 성을 그냥 허물도록 했다.

---

5) [역주] 클리송 저택은 1371년 올리비에 드 클리송에 의해 축조되었다. 1553년경 이 저택은 소유권이 기즈 공작에게 양도되었으며, 1704년에는 (로앙) 수비즈 대공과 그 부인에게 다시 양도되었다. 이들은 17세기에 마리 드 기즈의 영향력으로 파리 사교계의 중심 역할을 했던 이 저택을 1705년 건축가 들라메르에게 맡겨 개축하기로 결정한다. 부르고뉴를 근거지로 한 로앙 수비즈 집안은 18세기에 스트라스부르의 주교를 네 명이나 배출했고, 프랑스의 가장 영향력 있는 가문 중 하나로 사교계를 주도했다.

6) 크뤼솔 공작은 자신이 소유한 아시에 성을 1768년에 허물게 하였다.

구매자가 누구든, 로앙 가의 세습된 가산인 저택에 거주하도록 허락할 수 없었기 때문이다. 따라서 보존하든가 아니면 파괴해야 했다.

상황이 이러하므로, 세습된 집을 유지하거나 최소한 보존하기 위해 고금에 걸쳐 소유자들의 동의하에 사라진 희생물들의 목록집을 하나 만들 수 있을 정도다. 바로 그것이 우리가 다루어야 할 주제이다.[7] 그러나 그 반대 역시 사실이다.

앙시앵 레짐하에서 세습된 가산이란 개념은 예술품, 기념품, 고문서에도 결합될 수 있었다. 1610년부터 포르스 공작 가문에서 보존해온 일종의 저주받은 성유물인 라바이야크의 칼, 특정한 맥락에서 수여된 왕실의 초상화, 앙리 4세가 스위스 연대장들에게 수여한 목걸이 등은 이러한 경건한 상속의 예다. 좀 더 빠르게 양도가 이루어진 다른 예들도 있었다. 『쥘리의 화환』의 필사본은 랑부이예 후작 부인의 상속인인 위제 공작에 의해 경매에 부쳐졌는데, 후작 부인이 사망한 지 겨우 30년 후의 일이었다. 권세 있는 가문들도 이 부분에 관해선 왕실과 마찬가지였다.

반면에 왕실처럼 귀족과 부유한 부르주아들은 문화적인 자산을 소유한다는 것에 대한 자각을 지니고 있었고, 수집가들(les curieux)이 안내를 받으며 자기들의 수집품을 보러 오게끔 하려고 애썼다. 이와

---

7) P. 드 보귀에(de Voguë)의 다음 글을 참고하시오, "Utilisation des monuments historiques privés", *Monuments historiques,* 1978, n° 5, pp.32~35.

관련하여 앙시앵 레짐 막바지의 파리 안내서 몇 권을 읽어 보면, 당시 수집광들이 그 누구든 개인들이 소유한 물건을 접하고자 얼마나 집요하게 권리를 주장했는지를 알 수 있다. 티에리[8]라는 인물이 파리 구석구석의 방문할 수 있는 개인 수집품실과 화랑들의 목록을 너무도 수월하고 자유롭게 상세히 기술해 놓은 것을 보면 어리둥절할 정도다.(자료 7 참고) 이 저자는 『여행자 연감』에 이어 『파리의 여행자』를 썼는데, 후자는 좀 더 내용이 풍부한 그 자신의 책 『애호가 안내서』의 체계적인 요약본이었다. 매년 '부록'과 함께 출판되는 『애호가 안내서』는 파리의 문화재를 알리는 소중한 정보서로서, 본질적으로는 사적인 것이었으나 그 독자층은 집단적이었다.

바로 이런 상황에서 왕의 계획들이 끼어들었는데, 왕의 수집품은 교양 있는 공중에게 개방된 개인 수집가들의 소장품과 근본적으로 차이가 없었다. 리슐리외 거리의 왕의 도서관은 이미 관리자를 둔 다섯 개의 부서(메달과 고대 예술품실, 필사본 보관실, 인쇄물 보관실, 작위와 족보 보관실, 조각판과 판화실)로 구성되어 있었다. "공중은 축제일이 아닌 화요일과 금요일에 9시부터 12시까지 입장이 가능함." 루이 15세 광장의 가구 창고는 "거대한 크기의 여러 방에 수장된 진기한 물건들을 볼 수 있도록" 매월 첫째 화요일에 공중에게 개방되

---

8) L. V. Thiéry, *Guide des voyageurs et étrangers voyageant à Paris,* Paris, 1787. 티에리가 펴낸 1787년과 1788년도 안내서에 대한 목록은 1928년 마르크 퓌르시 레노(Marc Furcy-Raynaud)에 의해 출판되었다.

었다. 이어서 왕실의 회화 소장품으로 공공 박물관을 만든다는 거대한 계획도 있었다. 티에리의 안내서에는 이렇게 예고되었다. 아폴로 화랑의 "한쪽은 아카데미 전시실들로 연결되며, 그곳은 기관이 창설된 이래 작가들로부터 수령한 모든 분야의 작품들로 장식될 것이다. 화랑의 다른 한쪽은 2년마다 회화 전시회가 열리는 커다란 살롱으로 이어지는데, 그곳은 장차 박물관으로 꾸며질 화랑의 입구로 사용될 것이다. 이 박물관에는 왕이 직접 자리를 배정한 모든 회화와 대리석 조각들이 놓이게 될 것이다." 이 계획은 수도 없이 거론되었다.[9] 라퐁 드 생텐이 1747년에 생각해 낸 이 계획은 1750년에 르노르망 드 투른엠에 의해 재차 거론되었고(일주일에 두 번 뤽상부르 화랑 개방), 이후 마리니를 거쳐 이 문제에 열심히 임했던 앙지빌레 백작에 의해 마지막으로 언급되었다.

왕립 박물관의 설립과 위베르 로베르[10]의 그 유명한 박물관 정비 계획은 군주정 동안에는 결국 빛을 보지 못했다. 그러나 공동체의 문화재를 확장하고 보존하기 위해 많은 조치를 강구했던 이 건축물 관리국장의 공적만은 인정해야 한다. 생푸앙주 저택이 파괴될 때 주브

---

9) 특히 다음을 보라. J. Silvestre de Sacy, *Le Comte d'Angivillier*, Paris, 1953.

10) [역주] 루브르궁-박물관에 대한 재정비 계획은 앙시앵 레짐 말기에 시작되었다. 화가이자 왕실 아카데미 회원인 위베르 로베르(1733~1808)는 루이 16세 치하와 이후 혁명 초기에 루브르궁-박물관의 새로운 정비 계획을 맡았다. 그의 유명한 그림 〈루브르궁 대회랑 정비 계획〉은 대회랑에 천창을 설치하여 밝은 자연광 속에서 소장품을 감상할 것을 제안하고 있다.

네[11])의 천장화를 보존한 일(1774), 샤르트뢰 수도원이 재차 구입하였으나 건물 상태가 불량한 상황에서 소장하고 있던 르쉬외르[12])의 〈브루노 성인의 삶〉 연작을 구입한 일(1776), 랑베르 저택에 있던 르쉬외르의 작품들이나 마리에트의 소장품 일부를 구입한 일, 뤽상부르 화랑의 루벤스 작품들을 이송한 일이 바로 그것이다. 비록 루브르 박물관은 1793년이 되어서야 공중에게 개방되었지만, 문화재의 확장과 보존이라는 이 마지막 영역에서 군주제의 활동은 가장 실제적이었던 것으로 나타난다. 이러한 활동은 무엇보다도 교양 수준이 더 높아지고 한층 까다로워진 여론의 반영이었다고 할 수 있다. 그럼에도 어찌 되었건 사람들의 지적 능력은 대혼란의 반세기 동안 기념비적인 문화재가 겪을 무시무시한 고난을 제대로 대비하지 못했고, 이 기간을 거치면서 프랑스에서는 마침내 과거에 대한 보다 복합적인 감정이 형성된다.

---

11) [역주] 장 주브네(Jean Jouvenet, 1644~1717)는 유명한 화가이자 장식가로서 왕립 아카데미 회원과 아카데미 교수를 지냈다.

12) [역주] 외스타슈 르쉬외르(Eustache Le sueur, 1616~1655)는 18세기 프랑스 아카데미가 지지하던 최고의 작가 중 한 명이다. 브루노 성인의 규율을 따르는 샤르트뢰 수도원은 르쉬외르가 1645~1648년에 걸쳐 수도원 내부에 제작한 22개의 연작 〈브루노 성인의 삶〉을 구입하여 소장하고 있었는데, 이 작품들은 1776년 루이 16세가 구입하면서 왕실 소장품이 되었으며, 현재는 루브르 박물관에 있다.

자료 7

티에리의 『파리의 여행자』는 대중에게 개방된 개인 수집품을 열거하고 있다. 1788년 판에 담긴 몇 가지 예를 살펴보자.

생트주느비에브회 도서관은 "축제일과 휴가철을 제외하고 월요일, 수요일 그리고 금요일에 2시부터 5시까지 대중에게 개방된다. 수집물관도 같은 시간에 개방된다." 생빅토르 도서관은 "축제일을 제외하고 월요일, 수요일 그리고 토요일 오후에 대중에게 개방되며, 휴가는 의회의 휴가 시기와 같다." 그리고 조금 뒤에 저자는 이렇게 첨언한다. "이 도서의 거의 모든 종교 시설은 문인들이 자료를 구할 수 있는 도서관을 갖추고 있다. 다만 그들이 맡아서 관리하는 소중한 보관물들을 기꺼이 열람시켜 주는 사서들을 만나려면 반드시 아침에 가야 한다는 것을 유념해야 한다."

회화관이나 골동품 수집관도 다수 언급되어 있는데 숀 공작의 수집관("이곳에서는 대량의 에트루리아 화병과 많은 고대 악기를 볼 수 있다"), 방드빌 의장 부인의 수집관("멋진 조가비 수집품"), 륀 공작의 수집관("베수비오 산의 화산암 수집물, 아름다운 메달 수집품, 화학 실험실 세 가지로 분류된다"), 베르탱의 수집관("엄청난 수의 진기한 중국 골동품"), 톨로상 씨의 수집관("모든 화파의 회화"), 드 라 레니에르 씨의 수집관("프랑스 화파의 멋진 수집품과 특히 프랑수아 르무안의 작품들") 등을 예로 들 수 있다.

4. 국가와 문화재

공화국의 행정관들을 대상으로 한 건축물과 예술품의 『목록 작성 및 보존 방법에 관한 (II년의) 훈령』은 매우 강력한 어조로 다음과 같이 말하고 있다. "대가족이 당신들에게 요구할 권리가 있는 재산에 대하여 당신들은 수탁인에 불과하다."[1] 성직자의 재산을 환속시키고(1789년 11월) 망명 귀족들의 재산을 몰수한 이후, 국가가 성직자와 귀족이라는 거대한 두 전통 '계급'에 속했던 막대한 재산의 일부를 책임지게 되자[2] 관리들은 새로운 대응책을 찾아야 했다. 바로 불

---

1) *Instruction*, p.2. 프레데리크 뤼케르(F. Rücker)의 다음 박사 논문에서 인용됨. *Les origins de la conservation des monuments historiques en France(1790~1830)*, Paris, 1913, p.95.

가침이면서 명백한 국가의 영역을 정의해야 했던 것이다. 불행한 사실은, 그들이 내놓은 단호한 제안이란 것들이 극도의 혼란에 대한 완화제로서 작용했다는 것이다. 이 부분에 관한 공식적인 명령들은(어느 정도 효과는 있었으나) 줄곧 나쁜 방향으로서의 변화를 막기 위한 시도의 성격을 띠었다. 프레데리크 뤼케르는 이미 오래전 한 연구에서 프랑스 혁명 초기 몇 년 동안 취해진 조치들과 잇달아 형성된 여러 위원회의 의사록들을 면밀히 분류한 바 있다. 이 자료들은 기관과 사람과 재산을 쓸어가 버린 사건들의 중압감 속에서, 갈수록 구체화되긴 했지만 막상 실행되지는 않은 보존 조치들을 어떻게 정의할 수밖에 없었는지를 잘 보여 준다.

혼란의 시기에 기념물과 예술 작품들은 항상 그것이 전달하는 상징의 운명을 띠게 된다. 공무원들을 향한 질책은 프랑스인들의 태도를 반영한다기보다는 입법자의 보다 고양된 이상에 화답하는 것이었다. 그럼에도 바로 이러한 상황에서 공동체의 의식 속에서는 어렴풋이나마 옛 예술품들에 대한 새로운 애착이 생겨났다. 한편으로 그 원동력은 세속화와 탈봉건화에 대한 저항이었고, 이러한 저항은 민중으로 하여금 용감하게 예술품을 구해 내도록 이끌었으며 이는 곧 '광신'의 결과물이었다. 다른 한편으로 지식인과 학식 있는 자들은 국민

---

2) 다음의 저서 또한 참고할 것. L. Hautecoeur, *Histoire de l'architecture classique en France*, vol. V, p.103 및 그 이하, p.109 및 그 이하, sur "La politique confuse des assemblées".

공회 입법자들의 정신에 입각하여 성직자들이 쫓겨나고 지주 귀족들이 대거 떠난 이후 '반달족(파괴자들)'의 파괴에 노출된 작품들을 보존하는 데 몰두했다. 문화재의 의미, 즉 근본적이며 양도할 수 없는 재산이라는 의미는 이때 프랑스에서 처음으로 예술품들로 확장된다. 이러한 확장은 한편으로는 예술품과 결합되어 있고 또 그것을 설명해 주는 전통적인 가치에 의거한 것이고, 다른 한편으로는 공동 관계와 국가 전체의 정신적 재산에 대한 새로운 의식의 이름으로 이루어졌다. 이 두 개의 뿌리가 줄곧 중요했었는지는 확신할 수 없다.

연속된 의회들은 지속적으로 위원회를 구성했고, 위원회들은 다소 대책을 모색하는 듯했으나 주로 장황한 말을 늘어놓았다.[3] 빈번히 거창한 문구로 표현된 거대한 전망들을 지탱한 것은 고취된 애국심이었다. 예술위원회 의장을 지낸 장 바티스트 마티외는 이렇게 말했다. "망명 귀족들의 집 곳곳에 분산된 채 남아 있는 이러한 장르(데생 예술)의 막대한 보물들은 법령에 따라 적절히 선별된 후 국립 박물관으로 결집될 것이며, 미술을 공부하고자 하는 학생들 그리고 이 천재적인 작품들의 유일한 주인이 되었으며 늘 가장 뛰어난 심사위원이

---

3) 1790년 10월 초에 창립된 건축물위원회(Commission des monuments)는 1793년 8월에 이르러 예술위원회(Commission des arts)와 병치되었고, 예술위원회는 건축물위원회를 흡수하여 예술임시위원회(Commission temporaire des arts)라는 명칭을 갖게 된다.(1793년 12월 18일 법령) 이렇게 복잡하게 얽힌 위원회들 사이에서 갈등이나 배척이 없을 수 없었다. 그럼에도 위원회 간의 논쟁 덕분에 '문화재'와 '반달리즘' 같은 핵심 단어들이 단호하고 명확하게 진술될 수 있었다.

었던 프랑스 국민에게 최고로 흥미로운 예술의 집합체를 제공하게 될 것이다…", "국민 궁전, 앞서 언급한 부르봉 궁전, 샤틀레 저택, 앞서 언급한 회화 아카데미 보관실의 그림, 조각, 판화, 건축에 관해서는 목록이 작성되었다. (…) 여전히 흥미로운 것, 시간의 파괴를 면했을 뿐만 아니라 그 시간이 또한 헌신적으로 빚어낸 것, 시간이 파괴하지 않았기에 아직도 우리에게 허락된 듯 보이는 것, 역사가 참조하며 예술이 탐구하고 철학자가 관찰하는 것, 사물의 유구함과 더불어 과거에 일종의 존재감을 부여하는 그 모든 것에서 영감을 얻는 우리의 시선이 이다지도 큰 관심을 갖고 애호하며 주의 깊게 바라보는 것, 이러한 기념물과 고대의 유물들이야말로 예술위원회의 목록에 담긴 수많은 사물을 구성하였고 탐구의 대상이었다."[4]

이 주목할 만한 글이 보여 주는 것은 책임자들의 기본적인 관심사만이 아니다. 이 글은 목록을 작성한다는 것이 곧 대상의 존재를 확인하고, 식별하며, 전에는 어떤 조사의 대상도 되지 못했던 작품들에 국가의 신용을 부여하는 일임을 보여 준다. 왜 이런 일에 힘을 기울였을까? "역사가 참조하며 예술이 탐구하고 철학자가 관찰하는 것, (…) 우리의 시선이 이다지도 큰 관심을 갖고 애호하며 주의 깊게 바

---

4) 이 문장은 앞서 나온 프레데리크 뤼케르의 저서에서 인용되었으며(p.93), 원문은 다음의 저서에 담겨 있다. *Rapport fait à la Convention au nom du Comité d'instruction publique par Mathieu, député, le 28 frimaire l'an second de la Répulique fançaise,* Paris, Imprimerie nationale, p.13.

라보는 것"처럼 이러한 사물들의 힘을 웅변적으로, 심지어 "과거에 일종의 존재감을 부여하는" 성질까지 고려하여 진술한 예는 일찍이 없었던 듯하다. 이번에는 편견의 장벽이 극복된 것이다. 사람들은 이제 문화 본래의 영역을 정의할 뿐만 아니라 문화가 지닌 힘도 식별하였다. 이렇게 근대적인 문화재의 개념은 도덕적이고 교육적인 관심을 통해 나타나기 시작한다. 그러나 이 개념은 불행히도 아직 이론적으로만 존재할 뿐이었다. 혁명기의 입법자들은 대부분의 경우에 직접 파괴적인 행동을 개시했고, 법률은 그러한 훼손 행위를 저지하고자 애써야 했다. 카미유 데물랭5)은 이를 두고 "마치 정복자에게 바쳐진 풍부한 노획물과 같은 형국에 처한 4만 개의 프랑스의 궁전과 저택과 성들"이라고 표현하기도 하였다.

가장 전형적인 예는 당연히 군주제의 문장(紋章)이다. 바스티유 감옥 습격에서 보듯이 민중의 움직임은 왕의 이름과 공적이 새겨진 건축물과 문, 기념물들의 즉각적인 파괴를 원했다. 오래지 않아 극단적이었다고 일컬어진 일들에 대해 염려가 생겨났다. 사람들은 파리 남쪽 입구에 위치한 투르넬 성에 관해 어떻게 하면 건물을 파손하지 않고 그 안에 새겨진 부조를 떼어 낼지를 고민했다. 메종루주에 대한

------

5) [역주] 카미유 데물랭(Camille Desmoulins, 1760~1794)은 프랑스 혁명 시기에 혁명파의 저널리스트로 활동했다. 혁명 당시 파리 시민의 봉기를 촉구한 것으로도 유명한 그는 로베스피에르의 고등학교 동급생이자 조르주 당통의 동료였다. 그러나 로베스피에르에 맞서 반혁명파에 대한 관용을 주장하다가 당통파로 몰려 단두대에서 처형되었다.

제안들은 그것의 파괴를 막지 못했다.[6] 생트샤펠의 뾰족한 지붕은 그 위에 걸린 왕관을 없애기 위해 파괴되었다.[7] 파리 노트르담 대성당 왕들의 회랑의 파괴는 특별히 더 숭배되었던 파사드의 높은 곳에 위치하여 접근조차 어려운 석상들에까지 미침으로써, 거의 광신적으로 왕관을 쓴 두상들을 없애 버리려 했던 민중의 열망을 보여 준다. 예술과 숙련된 솜씨, 관습에 관한 이 오래된 건물들의 증언의 가치는 군주제의 상징에 대한 증오로 인해 완전히 혼란에 빠져 버렸다. 도로 포장에 쓰이게 된 이 조각상 파편들은 전혀 예상치 못한 모습으로 재등장했고, 자코뱅주의로 경도된 하층민들을 비롯한 프랑스 국민들은 그 사물들이 과거의 유일한 증인이라는 사실을 깨닫지 못하는 극적인 순간이 재현되었다. 그러나 이와 같은 과도함은 결국 몇몇 사람들의 머릿속에 이 파편들이 과거의 유일한 증인이라는 어렴풋한 생각을 낳기에 이르렀다. 왜냐하면 여기저기서 문제가 드러났기 때문이다. 따라서 8월 10일의 사건들[8]이 촉발한 혼란을 겪은 후 입법부는

---

6) A. Chastel, "Le problème de l'inventaire monumental", BSHAF, 1964, p.137 및 그 이하.

7) Nicole Lucas, *Médias et mémoires à l'école de la République*, Paris, Editions Le Manuscrit, 2010, p.43. [역주] 생트샤펠 성당의 뾰족한 지붕은 1793년에 파괴되었는데, 이유는 그 지붕이 국왕인 루이(Louis)와 군주제의 상징인 백합(Lis)의 첫 단어인 L자로 장식되어 있었기 때문인 것으로 알려졌다.

8) [역주] 프랑스 혁명이 발발한 1789년에 파리 시민은 바스티유 감옥을 습격하였으며, 1792년 8월 10일에는 베르사유 궁전을 습격하였다. 그리고 한 달 후 국민공회는 왕정의 폐지를 선언하면서 공화정 제1년의 시작을 공표하였다.

1792년 여름 하나의 법령을 표결하였는데, 그 첫 번째 조항은 다음과 같은 진술을 담고 있다.

"공공 광장과 신전, 정원, 공원과 그 부속 건물, 국영 주택, 심지어 왕의 향락을 위해 지어진 집에 설치된 모든 조각상과 저부조, 묘비명 그리고 청동이나 다른 모든 재료로 제작된 기념물들도 각 행정구 대표자들의 청구에 의거하여 제거될 것이며, 그들은 이 조각품과 기념물들의 임시 보존을 책임진다."

그다음 조항은 이 조각과 기념물들을 대포로 바꾸어 버릴 것을 규정하고 있는데, 기념물위원회가 입법 기관에 "예술과 관련이 있을 수 있는 물건들의 보존"[9]을 위해 예외적인 허가를 요청한 경우에만 그러한 조치를 면할 수 있었다.

'예술적인 것'라는 개념은 보존되어야 했다. 국가의 토대에 마땅히 포함될 수 있는 것이 바로 거기에 있었기 때문이다. 그렇다면 과연 예술적인 것을 어떻게 선별해야 하는가? 당시의 법령은 너무도 모순적이어서, 기념물위원회의 탄원에 따라 마련된 새로운 법령은 1792년 9월 16일에 기존의 것과 정반대의 집행을 장려하기도 하였다.

"전제 군주제의 기억들을 불러일으키기 마련인 기념물들이 파괴되도록 하는 것을 검토해 본 결과, 이제는 여가를 보내고 자유로운 국민의 영토를 아름답게 꾸미는 데 너무나도 적절한 이 위대한 예술

---

9) 프리데리크 뤼케르의 앞의 책에서(p. 23) 인용되었다.

품들을 명예롭게 지키고 보존하는 것이 중요하다…"

우선 예술품을 선별한 후에, "교양이 부족한 시민들이나 악의적인 사람들에 의해" 발생할 수 있는 재앙을 막도록 경계하면서 이동이 이루어질 것이었다.

기념물위원회는 왕립 도서관에 소장된 도서들에서 왕실의 검인(檢印)을 제거할 방법을 찾고 있었다.[10] 그러자 애서가 르누아르[11]는 서둘러『문학과 예술의 기념비적인 작품을 보존해야 할 필요성에 관한 애국자들의 고찰』이라는 책을 저술했다. 또한 그는 수학자 롬[12]의 지원에 힘입어 "봉건제나 왕실의 표식들을 없앤다는 구실로" 책과 판화, 메달, 지도 등 이를테면 모든 문화적 자산들을 훼손하는 것을 금지하는 다소 고지식하게 기술된 법령을 1793년 10월에 얻어 냈다.[13] 그러나 당연히 사람들의 평가는 상반되었다. 가이용 지역에 있는 대주교 성에 대해 외르 지역의 책임 기술자는 "이 모두는 걸작 예술이라 볼 수 없으므로 보존하도록 명해서는 안 된다"라고 아주 간단

---

10) [역주] 1793년 9월 국민공회는 왕립 도서관에 있는 서적에서 왕실 검인을 비롯한 왕실의 모든 상징 및 왕에 관한 서문과 헌정문 등을 제거하기로 결정하였다.

11) [역주] 앙투안 오귀스탱 르누아르(Antoine-Augustin Renouard, 1765~1853)는 출판업자이자 서지학자로 프랑스어와 라틴어로 된 매우 세련되고 정확한 책을 출판하였다.

12) [역주] 니콜라 샤를 롬(Nicolas-Charles Romme, 1745~1805)은 수학자로서, 프랑스 혁명으로 출범한 제1공화정이 기존의 그레고리력을 새로운 공화력으로 대체하고자 했을 때 공화력 제정 위원회를 이끌었던 인물이다.

13) 프리데리크 뤼케르의 앞의 책(p. 23 및 그 이하)을 참고할 것.

히 적었다.[14] 건축물을 감옥으로 전환하는 것만이 이러한 피해를 면할 수 있는 유일한 방법이었다. 애국심이 불타던 시기에 전면적인 파괴의 위험에 놓였던 건축물들의 목록은 실로 놀라울 정도이다. 블루아와 랭스, 퐁텐블로 등에서 벌어진 국유 재산의 매각과 교회와 왕족, 귀족의 거대 소유지의 분양을 허가하는 1793년 4월 4일의 법령은 말 그대로 문화재 탕진을 도덕적으로 보장하는 결과를 가져왔다. 교회와 수도원 또는 성을 유치장과 관공서로 전환하는 것은 그럭저럭 괜찮은 재활용이었지만, 이 건축물들에 대한 필연적인 사회적 굴욕으로 나타났다. 교회가 누린 불손한 호사는 처벌받을 만했다. 퐁티니 수도원 내진의 호화로운 창살을 제거해 버린 것은 "성소는 창살 없이 존재할 수 있지만, 공격받은 공화국은 창 없이 존재할 수 없기"[15] 때문이었다.

위협받는 예술품의 '보편적' 가치를 제시하고 당대의 교화적 언어에 의거하여 교육과 문화에서의 예술품의 이로움을 주장하면서, 역사의 부침에 우선하는 문화재라는 개념이 막 형성되려 하고 있었다. 그러나 문화에 대한 지적인 요구가 열의에 찬 파괴적 움직임들을 얼마만큼 무력화하거나 억제할 수 있었을까? 당시의 논의는 보편적인 수준에 머물러 있었다. 이러한 논의는 19세기 내내 주기적으로 되풀

---

14) L. 오트쾨르의 앞의 책, vol. V, p.103(d'après Vachon)에서 인용되었다.

15) 같은 책, p.105. 또한 다음을 참고하시오. A. Vialay, *La Vente des biens nationaux pendant la Révolution*, Paris, 1908.

이되었고, 그것이 프랑스인들을 제대로 설득했는지 자문해 볼 필요가 있다. 문화재와 문화의 관계는 무엇이며, 문화와 혁명의 관계는 무엇인가? 어쨌든 국민공회가 해산하자마자 강력한 자주적 행동들이 처음으로 이 문제의 정치성을 제거하기 위해 나선다.

문화재의 전당

왕실의 궁전, 수도원, 교회, 성들은 최초의 사용 목적에 거의 부합하지 않는 새로운 방식으로 활용되었다. 그러나 너무나 많은 유적과 집기와 조각품들이 철거되거나 이동되었고, 훼손되거나 파괴되었다. 이러한 사태는 결과적으로 두 가지의 새로운 보존 방식을 출현시켰는데, 바로 일람표와 박물관이다. 사물들에 대한 간결한 설명을 담은 목록들은 이 중요한 시기 동안 프랑스가 기막힌 경매소로 변해 버린 듯한 인상을 준다. 하지만 흩어져 있는 것들의 방대한 규모 자체는 대조적으로 '프랑스 기념물 박물관'16)의 모험을 돋보이게 해 주었다.

---

16) [역주] 프랑스 혁명기에는 파괴와 소실로부터 예술품과 기념물을 구하려 애썼던 지식인들도 있었다. 1783년 국민공회는 왕실 무덤이 있는 생드니 성당의 파괴를 명한다. 이때 알렉상드르 르누아르(Alexandre Lenoir, 1761~1839)는 이 무덤들이 파괴되어 구덩이에 파묻히는 것을 목격하였는데, 파묻힌 생드니의 유물들(왕들의 입상과 와상 등)과 파손된 여러 왕실 유적에서 나온 왕들의 유골을 수거하여 보관소로 옮겨놓았다. 1791년 그가 국민공회의 허가를 받아 지정한 최초의 수집 유물 보관소는 프티조귀스탱 수도원(1791~1795)이었다. 이후 이곳은 1795년 '프랑스 기념물 박물관(Musée des Monuments français)'으로 명칭이 바뀌어 대중에게 개방되었다. 르누아르는 이 박물관의 초대 관장이 되어 1815년 기관의 해체가 결정될 때까지 직책을 수행한다. 해체가 결정된 후 이 박물관

이 박물관은 1795년에서 1818년까지 비석 관련 유적들의 최초의 보관소였다.[17] 박물관장의 주도하에 역사학계와 고고학계가 그곳에서 누린 믿을 수 없을 정도의 자유에 대해서는 낱낱이 밝혀져 있다. 그런데 이 예지적인 박물관에 관해서는, 중세 문화재에 대한 과장되면서도 시적인 정의에 도달하도록 이끎으로써 낭만주의적 감성을 고취하는 데 주요한 역할을 하였음을 인정해야 한다. 오늘날 우리는 프랑스 기념물 박물관의 충동적이면서도 관대하며 다소 공상적이기까지 한 성격을 잘 파악하고 있다. 최근에 열린 '고딕의 재발견'이라는 전시는 여러 논쟁을 무릅쓰고 실현된 이 역사적인 '무덤'의 성공과, 이 기이한 놀이공원의 해체가 야기한 격렬한 언쟁들을 환기시켜 주었다.[18] 프티조귀스탱 수도원에 결정적인 중요성을 부여하는 것은 결코 과장이 아니다. 알렉상드르 르누아르의 낭만주의적인 박물관 운영은 『그리스도교의 정수』(1802)[19]를 읽으며 경이롭고 기사도적인

은 국립미술학교(École nationale supérieur des Beaux-Arts) 건물로 사용되었다. 한편 1814년 부르봉 왕조의 복귀가 이루어지자, 루이 18세는 1816년 르누아르에게 명하여 기념물 박물관에 소장된 왕의 유골들을 원래의 자리에 돌려놓게끔 하고 그를 생드니 무덤의 관리인으로 임명하였다.

17) 가스통 브리에르(Gaston Brière)를 필두로, 지식인들은 그곳을 끊임없이 활용했다.

18) A. Erlande-Brandenburg, Le "Gothique" retrouvé avant Viollet-le-duc, hôtel de Sully, 1979~1980, ch. V(avec bibliographie).

19) [역주] 프랑스 낭만주의의 선구자인 프랑수아 르네 드 샤토브리앙(François-René de Chateaubriand, 1768~1848)의 대표작으로 1802년 출판되었다. 브르타뉴 지역의 쇠락한 귀족 가문에서 태어난 그는 어린 시절 생말로 거리를 떠돌며 자랐고, 청년기에는 아메

프랑스의 과거에 대한 생각을 되찾은 젊은 세대의 감성을 뜨겁게 달구었다.

르누아르가 발행한 열두 권의 카탈로그(1793~1816)는 예전에 J. 바눅셈이 밝혔듯이 여러 시행착오와 점진적인 지식의 발전을 잘 드러낸다. 오귀스탱 티에리[20]는 『정수』를 읽으며 자신의 소명이 싹트는 것을 느꼈고, 미슐레 또한 프티조귀스탱의 음울한 정원에서 스스로의 소명을 발견했다. 어느 정도의 변화가 일어났는지를 가늠하는 데는 세루 다쟁쿠르[21]의 저술 계획(1823년에 출판됨)과 알렉상드르 드라보르드가 펴낸 두 권의 대작을 비교하는 것만으로도 충분하다. 다쟁쿠르는 예전 세대가 교양을 논하던 전형적인 방식대로 이탈리아

라카와 미개의 자연에 매혹되어 드넓은 바다와 오지를 돌아다니기도 했다. 초기에는 계몽주의 철학에 영향을 받았지만 이후 가톨릭으로 귀의해 종교에 대한 비판에 맞서 『그리스도교의 정수(Le Génie du christianisme)』(1802)를 저술했다. 예민하고 감각적이며 강렬한 시적 상상력을 지닌 샤토브리앙의 문학은 19세기 문학 전반에 많은 영향을 미쳤다.

20) [역주] 자크 티에리(Jacques Nicolas Augustin Thierry, 1795~1856)는 프랑스 역사학자로, 역사를 사료에 근거하여 연구하기 시작한 최초의 학자군에 속한다. 청년기에 프랑스 혁명의 이념에 동조하였으며, 생시몽 백작의 공상적 사회주의에 공감하여 비서로 일하기도 했다. 샤토브리앙에게 영향을 받아 역사학자가 되었다고 한다.

21) [역주] 장 바티스트 세루 다쟁쿠르(Jean Baptiste Louis Georges Séroux d'Agincourt, 1730~1814)는 프랑스의 고고학자이자 역사학자다. 그는 『기념물에 의거한 미술사, 쇠퇴의 4세기부터 쇄신의 16세기까지(Histoire de l'Art par les Monuments, depuis sa décadence au IVe siècle jusqu'à son renouvellement au XVIe siècle)』를 35년에 걸쳐 저술했다. 이 책은 화보가 실린 최초의 미술사 책으로 평가되며, 당시 퇴락한 예술이라 여겼던 고딕 예술에 대한 유럽의 취향을 되살리는 데 중요한 역할을 했다.

와 고대의 아름다움의 잔재에 초점을 맞추었고,[22] 드라보르드는 고대의 유산(1816)에 중세에 대한 세심한 고찰(1826)을 덧붙여『연대순으로 분류하고 역사적 사실과 예술적 탐구의 관계를 고려한 프랑스의 기념물들』[23]을 저술하였다.

　공식 기관들도 문화재 보호 문제를 고려하고 있었다. 공화력 4년 무월(霧月) 3일(1795년 10월 24일)의 법령에 의해 금석학과 문학 아카데미의 일을 이어받은 프랑스 학사원은 자유로이 의사를 개진하는 몇몇 프랑스 고고학 전문가들을 받아들였다. 그리하여 1804년에는 오뱅 루이 밀랭, 1806년에는 프티 라델, 1811년에는 아모리 뒤발이 회원으로 선출되었다.[24] 문화재에 대한 이해가 엄청나게 뒤처졌음을 파악한 이들은 그에 대한 개선책으로 '총일람표'란 무엇이어야 하는가에 대한 이해를 구했다. 잘 알려진 대로 내무부장관 몽탈리베가 1810년 5월 10일 공표한 공문은 도지사들로 하여금 성과 수도원, 무덤 등에 관한 모든 종류의 정보를 수집할 것을 요구했다. 이러한 새

---

22) H. Loyrette, "Séroux d'Argincourt et les origines de l'histoire de l'art", *Revue de l'art*, n°48, 1980, pp.40~56.

23) F. Boyer, "Les collections et les ventes de Jean-Joseph de Larborde", *BSHAF*, 1961, pp.137~152. [역주] 드라보르드 저서의 제목은 *Les monuments de la France, classés chronologiquement et considéré sous le rapport des faits historiques et de l'étude des arts*이다.

24) 1963년 11월 22일 금석학 및 문학아카데미에서 진행된 피에르 마로의 연례 강연록에서 취함. P. Marot, "L'essor de l'étude des antiquité nationales à l'Institut, du Directoire à la monarchie de Juillet".

로운 분위기 속에서 중세는 국가 문화재의 핵심이 되었다. 마침내 사람들은 지리학적인 구체성을 고려하여 국가 문화재의 다양한 요소들을 식별하고 일종의 결산표를 작성하고자 시도했다.

도(都) 차원에서 벌인 조사는 어쩌면 해결책이 아닐 수도 있었다. 결론적으로 의견은 일치되지 않았고, 지식은 산만한 데다 지나치게 열정적이기만 했으며, 일람표는 개념 자체가 불확실하였다. 따라서 결과물은 미미한 상태로 남겨졌다. 1814~1815년의 사회적 동요[25] 이후, 총일람표 작성 문제는 강력하게 재개될 수 있었고 또 그렇게 되어야 했다. 그리하여 이번에는 재편성된 금석학 아카데미가 개입하기에 이른다. 1810년의 질문표를 다시 사용해야 했던 금석학 아카데미는 어쨌든 도 차원의 정보를 수집하게 되어 만족스러웠을 것이다. 이때 아카데미는 훨씬 더 명료한 지시 사항들을 제시했고, 1819년 4월 8일 내무부장관 데카즈가 작성한 공문에 그것이 포함되었다. 이렇게 해서 일종의 관례가 만들어졌으며, 금석학 아카데미 자료 보관소에는 1819~1826년에 진행된 조사에 대한 내무부장관의 공식적

---

25) [역주] 이 시기 프랑스는 나폴레옹 통치 말기에 있었다. 1812년 러시아 원정 실패와 1813년 라이프치히에서 프러시아·오스트리아·영국 연합군과의 전쟁에 패한 후 나폴레옹은 1814년에 퇴위하여 5월 4일 엘바 섬에 유배되었다. 같은 해 9월 빈에서는 전쟁 동맹국 및 다른 여러 나라 대표가 모인 대회의가 열렸으며, 나폴레옹이 떠난 프랑스에 부르봉 왕조의 복귀가 결정되었다. 그러나 나폴레옹은 1815년 6월 엘바 섬을 탈출하여 재집권하였고, 워털루에서 재차 연합군과 전쟁을 벌였으나 결국 패배하여 재차 퇴위하기에 이른다. 이로써 제1제정이 막을 내렸고 프랑스는 혁명 이전의 정치 체제로 되돌아간다.

인 답변들이 보관되게 되었다. 1839년에서 1862년에 걸친 서류들은 더 이상 도에 따라 분류되지 않고 연도에 따라 분류되었다.[26]

사람들은 이제 진지하게 프랑스 민족의 '기원'에 대해 질문하기 시작했다. 언제나 그렇듯, 가장 오래된 고고학적 유물들이 이런 관점에서는 큰 중요성을 띠었다. 하지만 사람들은 프랑스의 기원에 대해 켈트족과 로마족 그리고 프랑크족 사이에서 뚜렷한 결정을 내리지 못했다. 켈트아카데미[27]를 위한 라발레[28]의 1807년 보고서는 특히 시사적이다. 그는 피렌체의 에트루리아 아카데미나 스톡홀름의 스칸디나비아학회, 또는 1770년부터 『브리태니커 고고학』을 편찬해 온 런던 고고학회에 견줄 만한 것이 프랑스에도 있어야 한다고 주장했다. 역사적 깊이에 대한 갈구는 사람들을 신기루로 이끌었다. 학자들은 차츰 가시적인 역사의 사슬을 구성하는 기념물의 위치, 지형, 물건 등에 대해 기술하면서 이러한 작업이 근본적이라는 것을 깨닫고 있

---

26) 이러한 일람표의 토대는 J.-P. 바블롱(Babelon)에 의해 만들어졌다.

27) [역주] 1804년에 창립된 켈트아카데미는 1814년부터는 국립 프랑스 고고학회 (Société nationale des antiquaires de France)로 불리게 된다. 루브르 박물관 내부에 본부를 둔 이 학회는 영국의 런던 고고학회에 이어 세계적인 명성을 지니고 있다.

28) [역주] 조제프 라발레(Joseph Lavallée, 1747~1816)는 귀족 출신의 군인이자 다방면에 능한 자유기고가로 켈트아카데미의 창립 멤버이다. 동성애자라는 이유로 부모의 요청에 의해 바스티유 감옥에 갇혔다가 프랑스 혁명기에 풀려났다. 혁명의 지지자였으며, 문학과 예술에 조예가 깊어 많은 글과 책을 썼다. 1807~1812에 걸쳐 여섯 권으로 된 『켈트아카데미 보고서(Mémoires de l'Académie celtique)』를 저술했는데, 이 책은 당대의 고고학 및 민속학적인 지식과 켈트아카데미 회원들의 다양한 질문과 답변을 담고 있다.

었다. 그러나 충분한 이해를 갖추지 못해 주저하듯 모색만 하는 학식을 지탱해 준 것은 늘 똑같은 형식의 웅변술이었다. 하지만 이 웅변술은 국가의 고대 유적에 관해 최초의 진지한 개론서를 펴낸 편찬자가 다음과 같이 주저 없이 천명할 때 스스로의 영감을 저버리고 만다. "우리 조상들이 우리를 위해 손수 세운 이 건축물들에서 우리는 매일 무언가 새로운 매력과 새로운 모티프를 발견한다. 이 건축물들은 우리의 믿음과 습관, 우리 영혼 가장 깊은 곳의 자질만큼이나 우리의 하늘과 우리의 풍경과 관련이 있다."[29]

　문화재에 대한 맹목적인 파괴는 그렇다고 해서 중단되지 않았으며, 고대 유물의 유행은 약탈을 자극하였고 여기저기서 나라의 풍경을 바꾸어 놓았다. 사람들의 열렬한 호기심, 국가의 문화재를 명확히 규정하고자 애쓰는 고고학자, 그리고 그런 것에 무관심하거나 그 와중에 이익을 얻고자 부추기는 사람들과 장사꾼들의 움직임이 실타래같이 뒤얽힌 상황보다 더 기이한 것은 없었다. '프랑스 기념물 박물관'을 둘러싼 논쟁은 이런 상황에 새로운 요소를 추가하였고, 이 논쟁은 문제를 성숙한 방향으로 이끌어 나가는 데는 거의 기여하지 못했다.

---

29) 다음의 저서를 위해 르 프레보(Le Prevost)가 쓴 취지서 "Arciss de Caumont, Cours d'antiquité monumentales, professé à Caen", *Histoire de l'art dans l'ouest de la France depuis les temps les plus reculés jusqu'au XVIIe sciècle*, Paris, Caen, Rouen, Ier vol., 1830.

사람들은 보관소의 부정적인 측면을 너무나 많이 보아왔고, 결국 본래의 장소에 보존하기를 권장하기에 이른다. 국민공회 의원들은 여기에 내포된 또 다른 문제들을 인식하여 권고 사항들을 내놓았지만, 큰 효과를 보지는 못하였다. 그러자 알렉상드르 르누아르의 거대한 적수인 카트르메르 드 캉시는 주저하지 않고 유물들의 강제 이동과 자의적인 재조립이 지닌 오류를 증명하였다. 불행한 점은 이러한 소견이 단순히 중세가 존재하지 않기를 바랐던 '신고전주의'의 귀재들로부터 나왔다는 것이다.

그럼에도 폐허에 대한 취향은 사람들의 마음속 깊이 작용했고, 역사를 읊조리고 상상력에 집중하도록 만들었다. 대중적인 석판화와 풍경화는 지나간 먼 과거의 영상을 시적인 우수로 물들였다. 과거에 대한 향수와 영원한 것에 대한 환멸이 역사를 바라보는 몽상적 태도를 동반했다. 국가적 문화재의 의미를 사람들에게 일깨운 것은 지난 시대의 예술품에 대한 자부심이 아니라 오히려 그것의 노쇠함에 대한 침울한 명상이었다. 이러한 감성적 차원은 역사의식에서 결코 분리된 적이 없었던 것처럼 보인다. 왜냐하면 그와 같은 역사의식이 오랫동안 중세 고딕에 특혜를 부여하였기 때문이다. 종교적 성소들과 고대 주거지들의 비참한 상황은 새로운 세대에 의해 상당히 강렬하게 묘사되고 규탄되었으며, 그 결과 일종의 회한이 일어났다. 1832년 빅토르 위고가 발표한 유명한 기고문의 어조에서 느껴지는 아직 젊은이다운 맹렬함은 겉보기에만 과도할 뿐이다. 오히려 그의 글은 형성 일로에 있는 일종의 도덕률에 대해 명료히 진술하고 있다. "소유권이 어떻든 간에, 자신의 이득에 눈이 멀어 스스로의 명예를 망각한 이 역겨운 투기꾼들에게 역사적이고 기념비적인 건축물들의 파괴를 허락해서는 안 된다. (…) 건축물은 두 가지를 지니고 있다. 바로 용도와 아름다움이다. 건축물의 사용은 소유자에게 속한 것이나, 그것의 아름다움은 모든 이에게 속한다. 그러므로 그 아름다움이 그것을 파괴할 권리를 넘어선다."[30]

문화재에 대한 감정의 점진적 형성은 국가에 대한 감정의 형성과 마찬가지로 장시간이 소요되었고 극적인 과정을 거쳤다. 문화재는 필연적으로 종교와 군주제, 귀족 제도의 흔적을 담은 작품들과 관계되었기 때문이다. 우리는 분노한 민중의 열렬한 반응과 학자들의 열정적인 반응 사이에, 그리고 앎에 대한 의지와 파괴에 대한 의지 사이에 일종의 대칭 구도를 그려 낼 수 있다. 그러나 문화재의 의미, 다시 말해 사람들이 그것을 통해 스스로를 발견할 수 있는 예술적이고 기념비적인 유산의 의미가 프랑스 사회에서 명확해지기까지는 여전히 긴 시간이 필요했다.

---

30) V. Hugo, *Littérature et philosophie mêlées*, Paris, 1834.

5. 행정과 문화재

"역사 기념물"이란 표현은 오뱅 루이 밀랭이 저술한 『국가의 고대
유적』(1790)이라는 집록(集錄)의 취지서에 처음으로 등장한 듯하다.
그는 "역사 기념물에 우리는 특히 애착을 갖는다"라고 적었다. 여기
서 "기념물"이란 건축물을 뜻하지만, 또한 무덤과 조각, 스테인드글
라스 등 국가의 역사에 결부되며 그것을 예증하고 명확히 할 수 있는
모든 것을 의미한다.[1] 기념물이란 용어는 이로써 프랑스어 속에 자
리 잡게 되었다. 이 용어는 영국의 고고학자들이 사반세기 전에 만들
어 낸 개념을 프랑스에 수용시켜 주었다. 그러나 한 세기도 더 전에

---

[1] Aubin-Louis Millin, F. 뤼케르의 앞의 책, p.180, n°1에서 인용됨.

이미 이탈리아에 유포되었던 문명의 시대적 구분에 대한 포괄적인 전망으로 인도해 주지는 못하였다. 프랑스에서 그러한 생각이 형성된 것은 후일 비코[2]의 학문적인 번역자라 할 수 있는 미슐레에 이르러서이다. 따라서 여기저기 편재해 있음에도 인정받지 못했던 건축물과 예술적 산물들이 문명의 위업으로서 고려되기에 이른 것은 현저히 뒤늦은 때였다. 사람들은 신속히 행정 기구와 국가 기관을 마련했다.[3]

민족의식의 형성에 필수적인 기념비적인 문화재가 존재한다는 직관을 공적인 형태로 표현하기까지 반세기가 소요되었다. 지방의 지식인들은 최소한 두 명의 뛰어난 인물을 중심으로 움직였다. 노르망디의 아르시스 드 코몽과 랑그도크의 뒤 메주는 그 강렬한 열정으로 인해 자주 언급되었다.[4] 제1제정이 주관한 도 차원의 조사들은 19세

---

2) [역주] 잠바티스타 비코(Giambattista Vico, 1668~1744)는 이탈리아의 철학자로서 역사학자, 법학자, 수사학자로도 불린다. 역사철학의 선구자로 여겨지며, 나폴리 대학에서 수사학자로 지냈고 나폴리 왕실의 사료 편찬가이기도 했다. 그는 데카르트의 기계적 세계관에 반대하며 "새로운 과학의 원칙"을 제시하였고, 인간 스스로가 창출한 사회를 이해할 수 있는 것은 바로 인간 자신이라 주장하며 민족 단위의 공동체적 본성을 비교·연구할 것을 주장하였다. 오늘날에는 문화인류학, 민속학의 선구자로도 일컬어진다.

3) A. Chastel, "Le problème de l'Inventaire monumental", *BSHAF*, 1964, p.137 및 그 이하.

4) Sur Du Mège, M. Durliat, catalogue d'exposition, Toulouse 1972; *Revue de l'Art*, n°23(1974); catalogue de l'exposition "Gothique retrouvé", ch. VI. [역주] 아르시스 드 코몽(Arcisse de Caumont, 1801~1873)은 노르망디 출신의 역사학자이자

기 초 왕정복고 기간에도 지속되어 방대한 자료를 축적했으나, 한때 이러한 활동의 표준적인 중심이라 여겨졌던 금석학 아카데미는 그것을 이용할 방법이 없었다.

1830년 10월 21일 작성한 보고서에서 기조[5]는 "역사적 유물들을 관리할 총감독관"직을 만들 것을 적극 권유하고 있다. 이 보고서는 "우리 민족의 고대 유물들의 놀라운 연속"을 구체화하는 것에 대한 새로운 관심을 대변했는데, 그 요지는 한마디로 보존을 위해서는 알아야 한다는 것이다. 보고서는 매우 순박하게도 그 감독관이 "최초로 전반적인 파악을 위해 순회를 할 때, 정부 입장에서 진지한 관심을 가져야 마땅할 고립된 건축물이나 기념물들의 정확하고 완전한 목록"을 준비해야 한다고 덧붙이고 있다. 이 목록의 구성 요소들은 내무부에 속하게 될 것이며 "필요할 경우 그곳에서 분류되고 열람될 것"이라고 보고서는 부언한다.[6] '분류'라는 용어의 본래적 의미에 무

고고학자이다. 루이 뒤 메쥬(Louis Charles André Alexandre Du Mège, 1780~1862)는 사학자이자 고고학자로 랑그도크 루시용 지방의 중심 도시인 툴루즈의 고미술품 감독관을 지냈다.

5) [역주] 프랑수아 기조(François Pierre Guillaume Guizot, 1787~1874)는 역사학자이자 정치가이다. 법학과 문학을 공부했으며, 1812년 에드워드 기번의 『로마 제국 쇠망사』를 번역하였고 소르본 대학 근대사 교수가 되었다. 후일 프랑스 아카데미 회원으로 선출되기도 하였다(1836). 7월 혁명 때 정치에 입문하여(1830) 왕정복고 시절에 주요 장관직을 지냈으며, 1847년 수상직에 올랐다. 한편 그에 의해 1833년 프랑스 역사학회가 창립되었으며, 국가가 지원하는 문화재 전반에 대한 감독도 시작되었다.

6) *Moniteur*, 1830년 10월 28일, p.1357에 등장한다. Guizot, *Mémoires pour servir*

척 가까워 보이는 맥락이다.

곧 행정적인 조치가 뒤따랐다. 1834년에 구성된 예술과 기념물 역사위원회는 내각의 책임자들을 위한 지침을 작성하는 임무를 맡았다. 1837년 말에 이 위원회는 국가의 보호와 개입이 필요한 건축물 목록을 작성하는 역할을 역사기념물위원회에 넘겨주었다. 이 유명한 위원회의 작업들은 오늘날 잘 알려져 있다. 공교롭게도 그 작업은 시작되자마자 연이어 드러난 모든 유형의 문제들에 맞닥뜨렸다.[7]

'학술적' 차원에서 볼 때, 기조가 탄생시킨 이 위원회의 역사는 곧 프랑스 문화재의 광대함에 대한 느리고도 실망스러운 발견의 역사였다. 고고학자가 아니라 역사가였던 그는 올바른 보존 정책에 반드시 필요한 훌륭한 조사 작업은 구상할 수 있었으나, 이 문제의 진정한 규모를 파악하지 못했다. 따라서 구체적인 상황의 깊이와 복잡성을 몰랐으며, '문화재의 공간성'을 이해하지 못했다. 감독관들의 임무는 항상 그들에게 무력감을 안겨 주면서 끝났다. 지방은 셀 수 없이 많았고, 부여된 일을 수행하는 데 제대로 준비된 사람은 아무도 없었다. "감독관 한 명 한 명은 건축가처럼 도면을 읽고, 화가처럼 부분을 묘사하고, 기록 보관소 직원처럼 오래된 증서들을 읽고, 사냥꾼처럼 말을 타거나 달릴 줄 알아야 한다. 나아가 통일성을 갖추기 위해 모든

à l'histoire de mon temps, t. II, pièces historiques IV, p.385.

7) F. Bercé, *Les Premiers Travaux de la Commission des monuments historiques, 1837~1848*, Paris, 1979.

감독관은 동일한 고고학 원칙과 동일한 미술사 체계에 의거해야 한 다."(그리유 드 뵈즐랭, 1835년 12월 1일)[8]

얼마 지나지 않아 사람들은 전술한 작업에서 "대략적이지만 보편 성을 담은 인식"(드 가스파랭,[9] 1838)만을 요구하게 되었다. 따라서 질문서 양식을 간략히 수정하였고, 간결한 정의들을 제공했으며, 정 보를 담은 지도로 만족하게 되었다. 20여 년 동안 총일람표 작성 계 획은 작업이 내포한 구체적인 어려움에 하나둘 봉착하였고, 사업은 결국 점진적인 교착 상태에 빠지게 되었다. 그러나 문제는 여전히 해 결되지 못한 채 남아 있었다. 1870년의 재앙과 파리코뮌의 신자코뱅 주의가 지성을 일깨우던 시절 필리프 드 셴비에르 푸앵텔[10]의 비범 한 에너지가 이 일에 개입되었고, 국가적 차원에서 광범위하게 작성 된 '일반적 통계'의 개념이 다시금 출현하였다. 이번에는 하나의 계 획된 양식에 의거해 사업을 추진할 참이었고, 이것은 독일의 학계가 탁월함을 입증해 보였던 것과 동일한 방식이었다. 이렇게 '일람표 작

---

8) P. 래옹에 의해 인용되었다. P. Léon, *La Vie des monuments français. Destruction, Retauration* (2ᵉ éd.), Paris, 1951, p.121.

9) [역주] 아제노르 드 가스파랭(Agénor de Gasparin, 1810~1871)은 문필가이자 신교 신학자이다.

10) [역주] 필리프 드 셴비에르 푸앵텔(Charles-Philippe de Chennevières-Pointel, 1820~1899)은 미술사학자이자 문필가이다. 1850년대에 지방 미술관의 감독관을 지냈으 며, 1873년에는 국립미술학교의 교장이 되었다. 1874년에는 프랑스 예술 총일람표 제작 의 기획을 맡았고, 같은 해 파리의 팡테옹 내부 벽을 당대 대가들의 회화로 장식하는 프로 젝트를 이끌기도 했다.

성 작업'은 그 이상화된 모델을 통일된 독일 제2제국에서 찾았다. 프랑스에는 그 모델이 존재하기 않았기 때문이다.

문화의 발전은 행정 기관의 명령과 요청에 따라 이루어지고 있었지만, 불규칙하고 불완전한 형태를 보였다. 프랑스는 문화재와 관련하여 한 세기가 넘도록 잘못된 상황에 빠져 있었다. 고고학자들은 탐사를 시작하려는 시점에 있었으며, 대중은 무관심했고, 부르주아 계층은 경제적인 측면만을 보았으며, '근대주의자들'은 조심성 없이 재촉만 하고 있었다. 익숙한 현실과 일상적인 경험, 사물과 조직에 대한 애착이 정치적 웅변술에 의해 주기적으로 희미해져 버리는 나라에서만큼 정부의 의도와 개인이나 집단의 태도 사이의 간극이 크고 위험한 경우는 없었다. 사회의 새로운 권력으로 떠오른 학교는 그것이 추구하는 방향성에 따라 '지방의' 문화에 대한 무관심을 강화할 뿐이었고, 지방의 개념은 찬미하되 그것의 직접적이고 가시적인 상징들은 무시했다. 이러한 상황에 대해서는 보다 면밀한 조사가 필요하나 그것을 여기서 행할 수는 없으므로, 특별히 시사성을 갖는 메리메의 경험을 검토해 보기로 한다.[11]

메리메는 때때로 사람들을 놀라게 만드는 전문적인 의식을 가지고 기조와 비테가 제창한 총감독관직을 수행했다. 그는 호기심과 놀라

---

11) Exposition Mérimée, *Caisse nationale des monuments historiques*, hôtel de Sully, Paris, 1963.

운 끈기를 겸비하여 철도의 시대가 도래하기 전에 프랑스의 여러 지방을 두루 순회했다. 그가 살펴본 바로는, 이미 유명세를 얻었거나 익숙한 건물들조차도 거의 접근이 불가능한 수준이었다. 방문객이 거의 없는 기념물들은 잊힌 채 망가져 가고 있었다. 그러나 무엇보다 놀라운 것은 로마 예술과 고딕 예술과 중세 회화를 재발견하기 위해서는 회의주의자나 '자유사상가' 또는 완전한 불가지론자가 되어야 한다는 점이었다. 종교적인 애착이나 앙시앵 레짐에 대한 막연한 충성심은 더는 중요치 않았다. 그런 것은 어쨌거나 전통적으로 특별히 탁월한 건축물들에 관해서만 관심을 환기시킬 뿐이었다. 이제 중요한 것은 바로 역사적인 풍경을 통해 나라를 재발견하는 것이었다. 그 재발견은 시골의 단조로움에 잠식되고 무지나 근거 없는 추정으로 가치가 손상되어 버린 과거를 탐구할 필요성을 분명 전제하고 있었다. 이런 관점에서, 메리메의 경험은 문화재에 대한 강렬하고도 근대적인(이 점은 인정해야 한다) 직관을 드러낸다.

따라서 1832년 총감독관의 여행 메모와 보고서들은 누구도 반박할 수 없는 뛰어난 안내서로 남아 있다. 소교구의 겸임 사제나 건물을 관리하는 군인 등 지방 주민과 관청의 정신 상태에 관한 단순한 정보들만 모아 놓고 보아도, 우리는 프로스페르 메리메와 함께 문화재들이 무지와 무례가 빚어낸 가슴 아픈 상태에 처해 있다는 결론을 내릴 수밖에 없게 된다. 오래된 건축물들은 최대한 적합한 방식으로 다루거나 아니면 주저 없이 제거해야 할 상태였다. 몇몇 저명인사와

석학들, 정부 부처의 지역 주재원들은 그런 문화재들을 알고 또 소개하고 싶어 했다. 메리메의 보고서에도 그 이름들이 언급되어 있다. 그러나 이들은 지주나 용익권 소유자들의 그릇된 태도로 인해 끊임없이 좌절했고, 고고학계와 후원자들은 사실상 전혀 관심을 갖지 않았다. 대중은 거의 동기 부여를 받지 못했으며, 유명인사들은 무관심하거나 오히려 공격적으로 굴었다. 만약 메리메와 19세기 지식인들이 우리에게 전해 준 이 분석이 정확하다면, 좀 더 나은 해결책을 찾고자 하는 복합적인 이유에서 우리는 이렇게 말할 수 있다. 프랑스혁명 아래 등장하여 낭만주의자들의 옹호를 받았으며 공적인 담론 속에서 찬양받았던 공동체의 문화재란 개념이 사실상 밑바닥에 내팽개쳐져 있었다고 말이다.

여기서 '시(市)' 차원의 실상의 중요성을 강조할 필요가 있다. 이는 지방 생활의 가장 흥미로운 양상에 관계된 것이자, 독일과 이탈리아, 스위스의 관례와 비교할 때 프랑스의 정치적 변화의 틀 속에서 가장 실망스럽고 가장 능동적이지 못한 것으로 보이는 양상과도 관계된 것이다.

비극은 흩어져 있는 그 모든 요소들, 그 모든 소소한 집합체들을 '구해야' 한다는 것이었다. 여기서 구한다는 것은 보호와 보강이라는 이중의 수단으로 개입한다는 의미였다. 이 임무의 거대한 규모를 인식한 것은 오직 소수였다. 대다수의 국민은 그때까지 한 번도 가져본 적이 없었던 지방 문화재의 구호에 대한 신념과 교양을 지니지 못했다. 성소와 성유물, 경이로운 조각상, 지방의 기념물에 대한 애착의 표현은 건축물과 그 안에 있는 작품들에까지 확장되지 않았다. 반대로 국민공회 시절 표출되었던 상징적인 건축물에 대한 증오는 어느 때고 다시 드러날 수 있었고, 이는 후일 파리에서 코뮌과 함께 나타난다. 그렇지 않다면 왜 회계감사원 건물과 튈르리 궁전[12]을 불태워 버렸겠는가? 마찬가지로 1848년 그리고 제3공화국 시절에는 퐁텐이 지은 속죄의 교회(1815~1826)를 부수려는 생각이 주기적으로 재등장했다.[13]

이탈리아의 도시 공화국들은 각기 문화재를 소유하였으며, 이는 11세기부터 피사와 시에나 등의 도시로 확대되었다. 뉘른베르크와 슈트라스부르크, 울름 같은 신성로마제국의 자유시(自由市)들은 재력과 정치력을 겸비하여 진정한 경제적 패권을 갖추고 있었다. 중세 말기 도시 생활의 발전과 플랑드르 지역 도시들의 문화재에 대해서도 우리는 알고 있다. 오직 프랑스에서만 시의 자치화와 부를 축적하

---

12) [역주] 튈르리 궁전은 앙리 2세가 1559년 승하한 후 왕비 카트린 드 메디치가 짓게 한 궁전이다. 건축은 필리베르 드 로름(Philibert de l'Orme)이 맡았으며, 앞에 놓인 큰 정원을 따라 길고 좁다란 형태로 지어졌다. 1871년 파리코뮌 지지자들에 의해 방화가 일어나 궁전 전체가 크게 손실되었다. 지척에 있는 파리 시청도 파괴되었다. 곧이어 들어선 제3공화국은 파리 시청을 다시 복원하지만, 파괴 후에도 골격은 여전히 유지되고 있었던 튈르리 궁의 복원은 진행하지 않았다.

13) *Les monuments historiques de la France*, 1976, 1, p.76. [역주] 퐁텐이 설계한 파리 시내에 위치한 속죄의 교회에는 프랑스 혁명 직후 루이 16세와 마리 앙투아네트의 시신이 잠시 안치되어 있었다.

기 위한 시도들이 국가의 중앙집권적인 정책에 의해 저지되고 무력
화되었다. 19세기에 들어서도 시의 재정은 국가에 의해 엄격히 통제
되었으며, 그것은 문화재에 대한 지방 차원의 의식의 성장을 어렵게
했다. 지방의 문화재에 대한 관심이 다소 역설적인 방식으로나마 새
로운 국면을 맞이한 것은 20세기가 되어서였다.

　보존과 관련한 문제들은 갈수록 넘쳤다. 결국 업무가 마비될 지경
에 이르렀고, 부서의 조직을 새로이 개편해야 했다. 1873년 빈에서는
만국박람회를 맞이하여 프랑스 역사 기념물 관리국의 일종의 회고전
이 열렸다. 이 전시는 대규모 복원 작업들의 목록을 간단명료하게 소
개하였으며, 한눈에 봐도 비올레르뒤크[14]의 생각이 반영된 전시 내
용은 그 밖의 다른 것은 담고 있지 않았다.[15] 이것은 필연적으로 사

---

14) [역주] 외젠 에마뉘엘 비올레르뒤크(Eugène-Emmanuel Viollet-le-Duc, 1814~
1879)는 프랑스 19세기를 대표하는 낭만주의 건축가이자 건축 이론가이다. 『프랑스 중세
건축 사전』(1854~1868)을 저술하였으며, 국립미술학교의 미술사 교수를 지냈다. 그의
대표 업적으로는 노트르담 대성당의 복구 작업(1845)을 들 수 있으며, 그 밖에 파리 생드
니 수도원, 아미앵 대성당, 카르카손 성채 등 프랑스의 많은 주요 중세 건축물의 수리와 복
원에 참여하였다. 노트르담 대성당은 프랑스 혁명으로 크게 파손되었고 19세기에는 시민
들의 관심에서 멀어져 매우 황폐해져 있었다. 이러한 상황에서 빅토르 위고의 『노트르담
의 꼽추』(1831)는 잊혀 가는 기념물에 대한 여론과 자각을 불러일으켰다. 비올레르뒤크의
지휘로 시작된 노트르담 대성당 복원 작업은 파괴된 조각상과 첨탑뿐 아니라 스테인드글
라스까지 아우르는 대대적인 것이었다.
15) A. Du Sommerard, *Les monuments historiques de la France à l'exposition
universelle de Vienne*, Paris, 1876.

고의 변화를 불러왔고, 총일람표에 대한 생각은 흔적도 없이 사라져 버렸다. 종국에는 기념물의 통계가 역사 기념물들의 '분류' 목록과 혼동되기에 이르렀다.16) 이 분류 목록은 이후 보조 일람표라 지칭된 것으로, 요청에 따라 열람할 수 있었다. 결국 사람들은 거의 예측 불 가능하고 우연한 성격의 일람표 작업을 허용하게 되었다. 이러한 작 업은 일관된 계획의 실현보다는 정치적 요구나 권고에 대한 일련의 응답으로서의 성격을 내포하고 있었다. 일방적인 성격을 지니고 있 던 비올레르뒤크는 국가를 대변하는 진정한 건축물은 오직 13세기의 것이라는 신념에 기인한 방향성과 일종의 편협함을 이러한 작업에 부여하였다.17) 이 점은 너무도 잘 알려져 있어 다시 기술할 필요는 없을 것이다. 어쨌든 족히 한 세기 동안 담당 행정기관은 이러한 독 단적 신념에 따라 기념비적인 문화재를 이해하고 관리하였으며, 같 은 세기 내내 근대의 종교적 건축물에는 그 신념이 자주 적용되었 다.18) 중세 예술이야말로 문화재를 대표하며 "지극히 프랑스적인 것"을 구현한다는 낭만주의로부터 물려받은 신념은, 중요한 공식적 개입들을 정당화해 주었고 고고학을 새로운 탐구로 이끌었다. 그러 나 역으로 17세기와 18세기의 작품들 또한 관심을 가질 가치가 있다

---

16) P. Léon, 앞의 책을 참고할 것.

17) Viollet-le-Duc, *Annales archéologiques*, t. IV(1846), p.333.

18) P. Lavedan, *Églises néo-gothiques*, "A travers l'art français", *Archives de l'art français*, t. XXVI(1978), p.351 및 그 이하.

는 점을 인정하기 어렵게 만들었다. 다시금 사용되기 시작한 퐁텐블로 성을 제외한 르네상스와 17세기의 수많은 건축물들이 등한시되었다. 무엇보다도, 19세기 말의 현학적이며 기이한 학술 토론들이 증명해 주듯이 사람들은 정당한 권리를 가지고 그러한 건축물들에 접근할 수가 없었다. 종종 격론으로 치달았던 이 토론들은 과거의 건축물 중 "프랑스의 정수"에 부합하는 것과 그렇지 않은 것을 가려내기 위한 것이었다. 너무나도 큰 학문적 공로인 '프랑스 고고학회 집록들'은 이러한 답보 상태가 얼마나 오래 지속되었는지를 알려 준다. 덕분에 예술을 시대별로 다루는 작업의 주도권은 영국의 역사학자들에게 넘어갔다.[19]

둘째로, 복원의 과제들은 일종의 오해를 불러일으켰다. 사람들은 비올레르뒤크가 마련한 원형안에 의거하여 작업을 했다. 그 개념에 따르면 복원이란 문화재의 명성을 확고히 하는 일이므로 반드시 탁월한 작품, 즉 위대한 본보기에 적용되어야 했다. 이 위대한 작품들은 가능한 한 돋보여야 했으며, 본래 상태로의 회복이란 재정비와 보완을 동시에 내포했다. 건축물의 복원과 회화의 복원 사이의 유사성을 살펴보는 것도 흥미롭다. 19세기는 강압적인 개입의 시대였고, 반복해서 말하건대 그러한 개입은 그릇된 것이었다. "숙달된 복원자는 훼손된 부분들을 다시 칠하는 데 제한을 두지 말아야 한다. 곳곳을

---

19) W. Ward와 R. Blomfield의 1911년 저술을 볼 것.

칠함으로써 마치 새로 그린 그림처럼 보이게 해야 한다." 이것은 구
필과 데로주가 1867년에 펴낸 개론서[20])에 담긴 내용이다. 동일한 교
의, 동일한 야망, 동일한 오류에 따라 회화는 광택 나는 노란 물감으
로 수정과 덧칠이 가해졌고 건축물은 거리낌 없이 새로 쌓고 보완이
이루어졌으며, 이를 벗어나는 데는 너무도 오랜 시간이 걸렸다. 예술
작품에 대한 개입은 좋은 일일 수 있고 원작자에게 만족감을 줄 수도
있다. 그러나 잘못하면 작품을 해치고, 진위성에 대해 참을 수 없는
의구심을 불러일으키며, 시간의 연쇄 고리를 끊어놓게 된다. 사람들
이 이러한 개입을 용납할 수 없다고 비난하는 것은 그것이 바로 모든
과정의 열쇠인 '시간을 견뎌온 작품'에 대한 지각을 위태롭게 하기
때문이다. 비올레르뒤크의 사상을 따르는 이들이 그랬듯이 사물의
이러한 측면에 무관심하다면, 당연히 아름다운 가짜 구조물을 발견
할 수도 있을 것이다. 이와 같은 보편적 정책은 한편으로는 거대한
도시 근대화 계획과도 맞아떨어졌으며, 그 대표적인 예가 바로 파리
였다. 디드롱 레네[21])가 주관한 『고고학 연보』 같은 간행물에서는 건

---

20) [역주] 프레데리크 구필(Frédéric Auguste Antoine Goupil)은 화가이자 판화가이
며 파리 국립미술학교인 아카데미 데 보자르의 드로잉 교수였다. 루이 카미유 오귀스트 데
로주(Louis-Camille-Auguste Desloges)는 파리에서 활동한 출판업자이다. 두 사람은
1867년에 회화의 복원술에 관한 책을 함께 펴냈다.
21) [역주] 성상 도상학자이자 고고학자인 아돌프 나폴레옹 디드롱(Adolphe Napoléon
Didron, 1806~1876)을 말한다. 디드롱 레네(Didron l'Aîné)라고도 불렸다. 제2제정기
(1852~1870)에 황실 도서관의 고고학 교수로 있었으며, 1835년에 기조의 추천으로 위고

축물을 복원하는 동시에 도시계획에 편입시키는 이러한 이중적인 적응이 불러일으킨 불안감이 발견된다. 문화재의 추상적인 정의에 대해서는 종종 매우 격렬한 비판이 일었고, 그 이유는 그 정의가 실제의 구역이나 지역 탐사가 아닌 가치 있는 본보기들의 선별에 의거해 만들어졌기 때문이었다. 새로운 설계에 부합하는 요소들을 부각시키기 위해, 무시해도 된다고 판단된 요소들은 제외되었다. 1861년 기에르미[22])가 제기한 항의는 오스만 남작[23])이 주도한 '문화재 정책'의 범위와 한계를 아주 잘 보여 준다.(자료 7과 8 참고)

한 세기 동안 중세의 유산은 집요하고도 포괄적인 원형의 수정을 겪었다. 수정의 모델이 될 표본은 상부에서 내려왔고, '위대한 기념물' 정책은 그것을 정당화해 주었다. 역사적인 유산에 대해 생각을

와 메리메, 비올레르뒤크가 속했던 예술과 기념물위원회의 일원이 되었다. 1844년 『고고학 연보』를 창간했으며 이 학술지는 중세 미술의 진정한 백과사전이 되었다.

22) [역주] 프랑수아 드 기에르미(Roch-François-Ferdinand de Guilhermy, 1809~1878)는 고고학로서 역사기념물위원회 의장을 지냈다. 『파리의 기념물들에 대한 고고학적 서술』(1856)을 저술하기도 했다.

23) [역주] 나폴레옹 3세의 제2제정은 프랑스의 근대화를 위해 전 국토를 대상으로 대대적인 공공사업을 벌였다. 17년에 걸친 대규모 파리 정비사업(1853~1870)이 벌어진 것도 이 시기다. 이 사업을 주도한 인물은 센의 지사였던 오스만 남작(Baron Georges-Eugène Haussmann, 1809~1891)이다. 청결한 대로와 새롭게 조성된 공원, 개축된 건물과 정비된 문화재들은 근대화된 파리를 창출했다. 오스만 남작의 파리는 도시 개혁의 성공적인 모델이 되었으나 '직선의 축'에 기반한 새로운 대로의 건설과 근대식 건축물의 축조는 파리 중심가의 중세 시가지와 유적들을 대규모로 파괴하였다.

달리했던 고고학자들의 충고와 비난, 규탄은 그야말로 아무런 소용이 없었다. 오스만의 파리 재정비 사업에 의해 중세의 구시가지들이 정화되었듯이, 구조물의 핵심을 두드러지게 하기 위해 세부들은 단순화되었다. 폴 레옹[24]은 자기 책의 한 장을 할애하여 이러한 작업을 엄중히 비판했다. 그 이유는 그 작업들이 파리나 아미앵의 노트르담 대성당의 난간, 가구, 스테인드글라스, 재실 같은 세부나 클레르몽페랑과 물랭의 경우처럼 건물 전체에 영향을 미칠 수 있기 때문이었다.[25] 위원회 권력의 비호를 받는 교구 건축가들의 독점은 그 자체로 그 어떤 학술적인 기관에서도 승인할 수 없었던 조작을 설명해 준다. 그들은 때때로 유용성을 논거로 내세웠는데, 그보다 자주 등장한 것은 전문성에 관한 논증이었다. 널리 알려진 아바디[26]의 발언은 그들이 어느 정도까지 교만함의 극치에 다다라 있었는지를 보여 준다. "고고학자들의 학문은 무지와 야만과 반달리즘을 비난하고 고발하는 임무밖에 없는 것처럼 보인다. (…) 고고학자는 아무 일도 하지 않고,

24) [역주] 폴 레옹(Paul Léon, 1874~1962)은 파리국립미술학교 교장과 콜레주 드 프랑스 교수를 지냈다. 프랑스의 역사적인 기념물에 관한 대표적인 사료 편찬가이다.
25) 영국에서 벌어진 이러한 근본적 논쟁에 대해서는 다음을 참고. N. Pevsner, "Scrape and anti-Scrape", *Attitudes to Conservation, 1174~1974*, ed. Fawcett, Londres, 1976.
26) [역주] 폴 아바디(Paul Abadie, 1812~1884)는 프랑스의 건축가로 1871년 역사기념물위원회의 위원이 되어 중세의 재발견 작업에 참여하였고, 비올레르뒤크 밑에서 노트르담 대성당의 복원 작업도 진행하였다. 1873년에는 치열한 경쟁을 물리치고 그의 건축 설계안이 파리 몽마르트르 언덕에 건설될 사크레쾨르 성당의 건축 콩쿠르에 당선되었다.

아무것도 만들어 내지 않는다. 그저 모든 생산적인 생각에 '거부권'을 행사하는 데 만족할 뿐이다."[27] 복원의 방법과 한계에 대한 이런 토론에서는 너무도 명백한 기술적 책임을 내세우면서 마치 건물 주인인 양 늘 이 건축가들이 승리를 거두었으니, 부동산인 프랑스의 (국립/사립) 정원은 과연 누구 것인지 의아할 정도였다.

따라서 행정적 관행은 이와 같이 개발의 메커니즘을 창안했고, 사람들은 일찍이 그 방향을 비판하였다. 일례로 몽탈랑베르[28]는 이렇게 말하였다. "장인으로부터 부여받은 매우 아름다운 차원(크기, 높이, 주변과의 유기적 관계)을 유야무야 취급해 버리는 식으로 우리의 대성당들을 고립시켜서는 안 된다. 우리의 대성당들은 이집트의 피라미드처럼 사막 한가운데에 세워 놓으려고 만든 것이 아니라, 우리 옛 도시들의 촘촘히 들어선 집들과 좁은 길들을 총체적으로 개관(槪觀)하기 위해서 만든 것이다."[29] 그러나 오스만에 동조하는 기술자와 기관장과 시청의 명령 앞에서 이것은 아무 효과 없는 경고일 뿐이었다. 역사관은 바로 이렇게 변형되었다. 전 유럽이 프랑스의 예를

---

27) 이것은 지공(Gigon)의 보고서에 대한 답변(1859년 2월 22일)의 일부이다. *Le Charentais,* 7 avril 1859, P. Léon의 앞의 책(p.427)에서 인용되었다.

28) [역주] 샤를 드 몽탈랑베르(Charles Forbes René de Montalembert, 1810~1870) 는 저널리스트이자 역사가이며 정치가다. 입헌 군주제를 지지했으며 정치적 자유주의의 신봉자였다.

29) Montalembert, 11, juillet, 1845, Chambre des Pairs, P. Léon의 앞의 책(p.349) 에서 인용되었다.

뒤따랐고, 종종 반론에 부딪히기도 했다. 오스트리아는 문화재의 완벽한 해석 그리고 늘 필요한 것은 아닌 근대적 해결책의 무분별함에 프랑스보다 훨씬 더 주의를 기울인 나라였고, 도시와 옛 건축물 사이의 관계의 문제에 한층 섬세하게 접근했다.[30] 중부 유럽에서는 성찰의 범위가 '기념물'의 가치와 역할로 긴밀히 좁혀졌다.

독일의 고고학자인 게오르크 데히오[31]는 '위대한 문화재에 대한 숭배(Denkmalkultus)'는 어떤 의미에서는 국가의 확립을 위한 종교적 열쇠와 같다고 하였다. 이것은 비단 그가 살았던 빌헬름 2세 치하의 독일에만 해당하는 말은 아니다. 그렇다면 과연 문화재는 훼손으로 인해 충격을 안겨 주는 비장하거나 혹은 정취 가득한 폐허 속에서 더 잘 인지되는가, 아니면 당당하게 복원된 기념물 속에서 더 잘 인지되는가? 19세기 동안에는 두 가지 태도가 공존했는데, 하나는 시적인 향수로부터 형성된 것이고 다른 하나는 현재의 고양에 화답하는 것이었다. 러스킨[32]은 『건축의 일곱 등불』에서 프랑스의 문화재 복

---

30) C. Sitte, *Der Städte-Bau auf seinen Kunsthistorischen Grundsätzen* ("Fondements artistiques de l'art des villes"), Vienne, 1889 ; Nouvelle trad. fr. Paris, 1980.

31) [역주] 게오르크 데히오(Georg Dehio, 1850~1932)는 독일의 미술사학자로 스트라스부르 대학의 교수를 지냈으며, 특히 독일의 중세 건축을 정신사적 측면에서 조망하여 뛰어난 저작들을 남겼다.

32) [역주] 존 러스킨(John Ruskin, 1819~1900)은 사회 사상가이자 예술비평가로 영국의 대표적인 낭만주의자이다. 그의 영향으로 빅토리아 시대의 많은 영국 예술가들이 중세 고딕 예술에 관심을 갖게 되었다.

원 관행을 "기억의 등불"이란 이름으로 비판하였다. 그의 표현에 의하면 프랑스의 방식은 "건축물을 뒤이어 복원하려고 방치하는" 것과 같았다.[33] 비개입주의자들의 역설을 극단까지 밀고 가면 보다 암시적인 의미에서 폐허를 권장해야 하는데, 적어도 폐허가 죽음의 진정성을 간직하고 있기 때문이다. 이러한 저항에는 언제나 진실이 담겨 있었고 또 지금도 그러하다. 개축된 건축물은 우리의 욕구, 우리의 생각, 아니면 우리의 감수성에 부합하는 제3의 새로운 상태로 대체됨으로써 그것의 자취뿐 아니라 원형까지도 망각하게 만든다. 그것은 교육법과 환경, 현재의 우리가 확신하는 것에 알맞게 재단된 문화재이다.(자료 9 참고)

한편으로 우리는 어쨌건 적어도 프랑스에서 제아무리 세심했다 한들 공식적인 행위가 간접적으로 불행한 결과를 가져오지는 않았는지 자문해 볼 수 있다. 국가의 개입은 공동체와 개인들로 하여금 문화재를 규정하고 그 가치를 부각시키는 일은 권력 기관이 책임져야 한다는 생각에 익숙해지도록 만든 것으로 보인다. 보호 대상 목록에는 우선적으로 고려해야 할 상급의 범주로 부동산인 정원이 지정되어 있었던 듯하며, 이 범주는 어떤 면에서 기념물의 역사를 지배했다. 프랑스에서 특히 두드러졌던 행정기관에 대한 의존은 필연적으로 너무

---

33) 이에 대해서는 A. 샤스텔의 다음의 글을 참고할 것. "Patrimoine", *L'Encyclopaedia Universalis*, 증보판, 1980, vol. I, pp. 41~49

나 자주 공중의 무관심과 부차적 책임자들의 태만함을 불러왔다.

20세기 초의 정교분리[34]가 야기한 정치적, 사회적 동요는 케케묵은 집착을 일깨우는 일밖에는 하지 못했다. 졸렬한 논쟁들은 성소와 교회의 재산이 공동의 유산이라는 것을 이해하지 못하는 성직자와 독실한 신도들 그리고 정교분리 원칙 신봉자들의 무능함을 드러낼 뿐이었다. 가장 격조 높고 궁극적으로 가장 새로운 관점은 두말할 것 없이 바레스[35]의 것이다. 그에게 교회란 "우리의 땅의 목소리이자 노래이며, 그것이 놓여 있는 땅에서 솟아난 목소리, 그것이 세워진 시간과 그것을 원했던 사람들의 목소리"였다.

『프랑스 교회의 참상』(1912)[36]이라는 그의 짤막한 저서는 조용한 농민 국가에 대한 미슐레의 견해와 겉만 번지르르한 초라함에 대한 몽탈랑베르의 항의를 계승하고 있으며, "설령 멋진 양식을 갖추진 못했더라도, 건축적인 특색을 이루고 프랑스 땅의 물질적이고 도덕적

---

34) [역주] 1905년 프랑스는 국회에서 '국가와 종교의 분리'를 법률적으로 규정하였다. 이때 이전까지 가톨릭교회가 담당했던 교육 분야가 세속의 손에 넘어오면서 국가가 교육의 주체가 되었다.

35) [역주] 모리스 바레스(Maurice Barrès, 1862~1923)는 문필가이자 정치가이다. 자신의 뿌리를 중시했던 일종의 전통주의적 낭만주의자로서, 분리법으로 인해 공격받는 가톨릭교회를 구하기 위해『프랑스 교회의 참상』을 저술했다. 양차 대전 사이에는 프랑스 민족주의의 중심 인물이 되었다.

36) M. Barrès, *La Grande Pitié des églises de France*, Paris, 1912, 그리고 *Tableaux des églises rurales qui s'écroulent*, Paris, Poussielgue, 1913; P. Léon의 앞의 책(p.141 및 그 이하) 또한 볼 것

인 형상을 빚어내는 매력과 감동적인 추억으로 가득한 수수한 교회들"에 대한 옹호를 담고 있다. 그리하여 '프랑스미술보호협회'[37]가 설립되었으며, 이 기관은 곧 농촌의 작은 성소들을 보호하는 기구가 되어 조용하고도 효과적으로 활동을 펼쳤다.

문화재의 개념은 늘 다양한 차원을 지닌다. 그것은 역사가들을 놀라게 하는 변수와 공허와 흥분을 내포한다. 프랑스는 결코 단일하지 않으며, 가장 까다로운 난점은 아마도 지방과 관련되어 있을 것이다. 지역에 관한 고고학은 19세기 초에 발생해서 1900년 무렵에 사라졌다. '지역예술협회연석회의'도 오래 지속되지 못했다.[38] 셴비에르는 1847년에 이미 『연구』[39]의 서두에 "지방은 죽었다"라고 썼다. 만일 지방이 고유의 유산을 탐구할 방법도 의지도 더는 없다면, 문화재는 이중으로 의미를 잃게 된다. 문화재는 지나간 과거에 속한 것인데, 그 과거는 처분 가능하고 없는 것으로 만들어 버릴 수 있는 것이다. 그렇다면 미래에 우리는 순전히 관광객의 흥미를 끌기 위한 기념품

---

37) [역주] 프랑스미술보호협회(Sauvegarde de l'art français)는 프랑스의 종교적 문화재를 보호하기 1921년에 설립된 민간 협회이다. 역사적으로 가치 있는 건축물 및 예술품의 파괴와 문화재로서의 가치를 지닌 물건들의 국외 반출을 막는 활동을 벌이고 있으며, 프랑스 전역의 일반 교회나 소교회들의 보존 작업도 맡고 있다.

38) *Revue de l'Art,* n° 4, 1969, Éditorial, "L'érudition locale en France".

39) [역주] 『고대 프랑스의 몇몇 지방 화가들의 삶과 작품에 관한 연구(Recherches sur la vie et les ouvrages de quelques peintres provinciaux de l'ancienne Franc)』 (1847~1854)를 말한다.

들 한가운데에서 영원히 살 수 있겠는가? 기차역 하나는 수도원 하나의 값어치가 있었다. 모든 것이 근대적이 되어야 했다. 프랑스는 족히 한 세기 동안 거대한 개발 사업들이 진보의 허망한 이데올로기와 결부되어 있었던 나라 중 하나다. 프랑스에는 항상 쓸모없는 유적지와 성과 폐허와 성벽들이 널려 있으리라는 생각이 팽배했다. 일상생활은 더 이상 흥미롭지 않거나 거의 흥미롭지 않았고, 따라서 더는 흥미로운 환경으로 인식되지도 않았다. 따라서 먼 옛날의 요소들은 그것으로부터 역사를 만들고 그 힘을 복원시키는 데 열중하는 지식인과 예술가, 학자들의 수중으로 넘어갔다. 자기 땅에 대해 모든 걸 알고 있어야 할 시골 사람들은 고고학자가 그 땅의 유적에 대해 물으면 놀라워한다. 생기엠르데제르의 멋진 수도원 계단과 생미셸드퀴자의 수도원 절반을 딴 곳으로 옮겨도 아무도 불행해지지 않는다. 그러다 어느 날 그것들이 뉴욕의 '클로이스터 박물관'[40]을 장식하고 있다는 사실을 접하고는 깜짝 놀란다. 프랑스는 골동품 상인들의 천국으로 통하게 되었다.

---

40) [역주] 클로이스터 박물관은 뉴욕 메트로폴리탄 미술관의 분관으로 1938년에 문을 열었으며, 유럽의 중세 회화와 건축물을 전시한다.

자료 8

프랑수아 드 기에르미, 「고고학 삼십 년」, 『고고학 연보』, t. XXI, 1861, p.254.

"(옛 건축물들을) 최대한 빨리 없애 버리려고 애쓰는 대신, 고상한 취미를 가진 교양인들로 하여금 그것을 보존할 묘책을 찾게 해야 한다. 생자크 탑*에서 최초로 겪은 이후 클뤼니 저택에서도 적지 않은 성과를 거두며 일신한 경험은, 라탱 구역의 많은 기념물에서도 좋은 결과를 거둘 수 있었을 것이다. 지금 라탱 구역에는 폐허가 된 쥘리앵 온천장*을 둘러싼 정원들에 버려진 이름 모를 몇 개의 돌만이 남아 있다. 생장드라트랑[41]의 첨두 아치형 홀들은 콜레주 드 프랑스 맞은편 에콜 거리 한쪽에 우아한 회랑을 형성할 수도 있었다. 중세 기사관[42]의 주루는 생자크 탑보다 장식은 덜 풍부하나 건설된 시대나

---

41) [역주] 생장드라트랑은 1130년경 기사인 생장 드 예루살렘이 자신의 녹봉지에 세운 기사관이다. 콜레주 드 프랑스 주위를 정비하기 위해 나폴레옹 3세 시절(1860) 파괴되었다.

42) [역주] 파리에서 가장 오래된 길 중 하나인 생자크 거리에 위치한 중세 기사관에는 12세기 말 이탈리아에서 이주해 온 생자크뒤오과 애덕 수도회가 자리 잡고 있었다.(성 아우구스티누스의 종교적 규율에 기초한 종규를 따르는 이 수도회는 병자와 가난한 자들을 돕고 순례자들에게 쉼터를 제공했다.) 13세기 중엽에는 루이 9세에 의해 생자크 기사관이 되었는데, 중세의 기사관은 기사와 수도사들의 거처이자 이들을 교육하는 공간으로서 종교와 군사적 기능을 동시에 지니고 있었으며, 기사령을 소유한 기사가 관리 책임을 맡았다. 단순한 건물을 넘어 일정분의 토지와 그 안에 들어선 건물들로 구성되었다.

클뤼니 박물관 내에 위치한 쥘리앵 온천장*

사용 목적을 볼 때 훨씬 흥미로우며, 총안이 뚫린 기단이 생자크 거리에 재건된 집들 위로 솟아오르게 할 수 있을 것이다. 조금 떨어진 곳에는 필리프 오귀스트 탑들이 있으며, 마지막 탑 바로 옆의 소르본 광장 초입에는 최고로 우아한 양식의 13세기 건물이 있다. 이 건물은 클뤼니의 베네딕트 수도회 신학교의 일부였으며, 기둥과 궁륭으로 장식된 방들은 학교나 다른 공공 용도의 건물로 개방될 수 있었다. 보베 대학 예배당의 경우는 그 구역에 매우 유용한 비상용의 기도소가 될 수 있을 것이다. 하마터면 생자크 탑은 사라질 뻔했다. 오늘날 그것은 파리 주민이 아끼는 기념물이 되었다."

----

* [역주] 쥘리앵 온천장은 300년경 갈리아 지역을 지배했던 콘스탄티우스 클로루스 로마 황제에 의해 지어진 것으로 추정되고 있다. 357년부터 로마 제국의 율리아누스 황제는 파리에 체류할 때 이곳에 머물렀다. 그가 매우 좋아했기 때문에 율리아누스의 프랑스식 이름인 '쥘리앵' 온천장으로 불렸다. 티에리의 소개에 의하면 이 온천장은 그의 후예들에 의해 계속 사용되었지만, 9세기 루트비히 3세 시대에 버려졌다.(Guide des amateurs et des étrangers voyageurs à Paris, tome II, 1787) 폐허가 된 온천장은 14세기 중엽 베네딕

* 1900년대의 생자크 탑과 광장. 파리 중앙 4구의 생자크 탑은 고딕 시대의 종탑이다. 원래는 생자크드라부슈리 성당의 일부였으나, 12세기 샤를마뉴 대제가 세운 것으로 추정되는 이 성당은 프랑스 혁명 이후 1793년에 파괴되었으며, 현재는 16세기 프랑수아 1세 때에 세워진 종탑만 남아 있다. 이곳은 예수의 12사도 중 한 명인 야보고 성인의 성유골을 소유하고 있던 성소로서 유명한 순례지였으며, 19세기 초 한 기업가에게 매각되었다가 1836년에 두 차례의 화재를 겪으면서 파리 시가 재구입하였다. 이후 나폴레옹 3세 시절 파리 도시 개혁의 일환으로 1854~1858년에 건축가 테오도르 발뤼에 의해 수리와 복원이 이루어졌다.

트 수도회의 클뤼니 수도원장의 소유가 되었다. 15세기 말에 내부 공사가 진행되면서 로마식 구조물을 부분적으로 없애고 고딕 양식으로 전환되었으며, 16세기에 프랑수아 1세에 의해 왕실 주거지로 사용되기도 했다. 18세기에는 통 제조업자에게 양도되어 창고 겸 판매소로 사용되었고, 프랑스 혁명을 거치며 국가의 소유가 되었다. 1810년 파리 시는 이 온천장을 고대 박물관으로 전환하기 시작했으며, 고고학자이자 건축가인 카트르메르 드 캥시 같은 인물의 강력한 요청에 따라 건물 전체에 대한 재정비와 복원이 이루어지게 되었다. 1818년 루이 18세는 폐쇄시킨 프랑스 기념물 박물관을 대체할 건축물로서 폐허가 된 이 유적지의 복원을 명하였고, 1843년에 이르러 중세 미술품을 소장하는 클뤼니 박물관으로 재탄생하였으며, 1862년에 역사 기념물로 채택되었다.

자료 9

고딕에 대한 숭배와 복원 운동은 특히 제2공화국 시절에 격렬한 비난을 불러일으켰다. 생트샤펠의 복원은 「나시오날」(1849년 11월 27일)의 한 기사에서 유난히 신랄한 비난을 받았다.

"시대착오, 위조라 할 수 있는 '고딕을 회고하는 흑사병'이 늘 창궐하고, 심지어는 악화되는 양상까지 보인다. 과거의 최악의 것들을 비호하고 합리화하기 위해 이 세상에 온 듯한 2월 혁명은 사랑으로 고딕을 감싸 안으라고 위협하며, 찬미 속에서 생트샤펠의 낙성식을 막 거행하였다. 생트샤펠은 노트르담을 기대하며 성왕 루이의 온전한 취향에 따라 복원되었으며, 미남왕 필리프 시대의 모습 그대로 위에서 아래까지 다시 칠해졌다. 이것은 낡은 구상의 다른 모든 망상들과 마찬가지로 여지없이 불확실함과 변화의 지속, 순간의 이익, 놀라움과 오해의 결과만을 가져올 것이다. 그러나 여전히 지나치게 많은 일이 남아 있다. 벌어진 일은 도리가 없기 때문이다. 시작된 일은 마무리를 지어야 하고, 이 불행한 공사의 목록은 너무나 길고 대가는 상당히 크다."

"노트르담, 생트클로틸드, 생트샤펠과 같은 고딕을 부르짖는 소리가 은밀히 신문들을 휩쓸고 다니며, 대중을 착각 속으로 몰아넣는다. 그것은 대담한 종파와도 같다. 우리가 말하려는 것은 자신들의 체계에 사로잡힌 고고학자들과 공사의 '총량'에 감격한 건축가들로 이루어진 약삭빠른 작은 패거리가 아니다. 그보다는 예술을 상점과 엮고 정치를 종교와 엮는 신고딕과 신가톨릭의 신성 동맹이 정부 전체를 개종시키고 정복했으며, 사방에서 고딕 십자군과 고딕 십일조를 설교하고, 지극히 비상식적인 것일지라도 자신의 계획을 위해서는 필요한 돈을 모두 얻어 낸다는 것을 말하려 한다."

"한편 그들의 아이디어는 이렇게 요약된다. 유일하게 신성한 건축물, 유일하게 프랑스적인 것, 우리의 기후와 우리 땅에서 나온 재료에 유일하게 맞아떨어지는 것, 유일하게 가능하고 이성적이고 국가적이고 그리스도교적인 것, 그것은 바로 고딕 건축이다! 그들의 말에는 수많은 오류와 과장이 있다. 그들의 설계와 구상도 마찬가지다. 침식되고 벗겨지고 부스러진 11세기, 12세기, 13세기, 14세기의 모든 교회들을 복원하는 것, 밑바닥에서 꼭대기까지 다시 보수하는 것, 중세에 중단된 대성당들의 공사를 완성하는 것, 오로지 고딕 양식으로 짓는 것, 모든 옛날 교회를 흉내 내고 배로 늘리는 것, 이것이야말로 괴이하고, 있을 수 없으며, 누적된 퇴보가 낳은 야만이다!"

"그들의 계획이 한창 실행 중이다. 고딕을 복원하기 위한 총 자금이 대략 십 억 또는 이십 억 프랑 정도 소요될 것이라는 것을 우리는 쉽게 예상할 수 있다. 무지와 맹신의 시대에 꽃피고 빛났으나 오늘날에는 죽어 버린 예술에 대한 잘못되고 일그러진 투사를 위한 대가로는 너무도 비싸지 않은가."

6. 과학과 문화재

세계에서 자기 고유의 정체성에 가장 충실하다고 당당히 인정받는 나라인 일본이 문화재에 대해 보여 주는 어떤 태도는 서양인들에게는 당황스러울 수도 있다. 파손이 되었건 아니건 간에, 일본의 커다란 성소들은 주기적으로 동일한 자재를 사용해 완전히 새롭게 재건축된다. 이세[1]의 경우가 그러한데, 최근에 지었던 성소가 존속하는

---

1) [역주] 이세(伊勢)는 일본 혼슈 미에현 동부에 있는 도시로, 일본 3대 산궁 중 하나인 이세 산궁이 있다. 이세 산궁의 가장 큰 특징은 20년에 한 번씩 신을 모신 건물들을 옆에 있는 땅에 똑같은 모습으로 세우고, 이전의 건물을 헐어 버리는 것이다. 이를 시키넨센구(式年遷宮)라고 하며, 일본에서 가장 오래된 건축 양식을 따르기 때문에 수명이 20년밖에 되지 않아 20년마다 새로 짓는 것으로 알려져 있다. 최근에는 2013년에 시키넨센구가 이루어졌다.

동안에 이미 신축하기로 예정된 건축물의 부지가 정식으로 준비되기도 하였다.[2] 이 관습은 선조들이 택했던 전체 구상, 기술, 축조 방식, 장식, 용도를 그대로 따를 것을 전제로 하며, 일본에서 이것은 건축물의 존엄성을 드러내는 방식이라 할 수 있다. 서양의 태도는 이러한 이상적인 상태의 지속을 원하는 일본인들의 감성에 대조를 이루며, 쇠퇴와 대체 불가능성 그리고 파괴되는 물건들과 변화하는 감정의 이중적 소멸에 사로잡혀 있다. 너무도 많은 이데올로기와 감정이 층층이 누적되어 형성된 문화재라는 근대적 개념은, 이제 우리 사유의 중요한 특성 중 하나가 될 수도 있는 마지막 추이에 도달한 듯하다. 일본 문명의 극단적인 '형식주의'가 "기표로 가득하고 그 어떤 기의도 없다는 것이 매력인 나라"(롤랑 바르트)를 만들었다면, 반대로 서양의 프랑스는 기의로 가득 차서 기표를 잊어버리고 경솔하게도 독창성과 파란만장함을 등한시한 나라로 보인다고 말해야 할 것이다. 이러한 점은 20세기 말에 이르러 점차 명백해졌다.

오늘날 '후기 산업 사회'라 불리는 새로운 문명의 단계, 공간의 완전한 점령, 여러 세대가 느낀 불안감에 기인한 다양한 이유로 인해, 문화재는 때로 강박성을 띨 정도로 분명 진지한 관심사가 되었다. 제대로 대비하지 못하고 늘 어떤 상황이 벌어진 후에야 뒤늦게 대처하

2) 1973년에 있었던 의식에 대해서는 다음을 참고할 것. Shikinen-Sengu of Jingu, *Renewal of the Grand Shrines of Ise at fixed intervals of 20 years*, The Grand Shrine Office, 1973.

듯, 재앙이나 위기, 불행, 범죄만이 사람들의 관심을 일깨운다는 사실이 거듭 확인되었다. 어쩌면 이런 유형의 사물들이 지닌 가치는 결핍 속에서만 드러나는 것인지도 모른다. 일상적으로 친숙하게 접하다 보니 사회와 개인은 이처럼 가까이 있는 것들에 애착을 가져야 할 이유를 점차 잃어버렸다. 그리고 이제 우리는 그러한 것들을 문화재의 개념에 포괄하고자 한다.(자료 10 참고)

예를 들어 아라스와 노용의 대성당, 그리고 특히 1916년 폭격 당시와 더디게 '재건'이 이루어지던 내내 랭스 대성당을 둘러싸고 일어난 거대한 정서적 포위 현상을 이야기할 수 있다. 이러한 감정적 결집은 에밀 말[3])과 같은 학자를 반독일 논쟁으로 이끌었고, 상처받은 증인의 고통과 분노를 무분별하게도 지식의 차원으로 옮겨 놓았다. 1940년과 1944년에 얼마나 많은 도시들이 폐허가 된 채 발견되었던가? 그에 대한 재건을 꾀하던 시절에 사람들의 사고는 거대한 불확실성에 휩싸였으며, 이것은 적절한 소양이 결여된 채 갑작스레 극복하기 어려운 문제에 맞닥뜨린 사회가 드러내는 특성이었다. 실행해야 할 공사의 규모만큼이나 엄청나게 결과물들은 일관성이 결여되어 있었고, 때로 대담하긴 했지만 대체로 열악하고 예측 불허의 성격을 띠었다.

바로 여기에 우리 문제의 핵심이 있다. 도시의 지형적 위치의 장점

---

3) [역주] 에밀 말(Émile Mâle, 1862~1954)은 미술사학자이자 프랑스 아카데미 회원으로, 중세 그리스도교 미술 전문가이다. 프랑스의 일반 성당 및 대성당들에 대한 연구를 수록한 주요 저서를 남겼다.

과 옛 외관의 특성, 서로 붙어 있는 낡은 집들의 사슬이 별안간 집착
에 가까울 정도의 중요성을 띠게 되면서, 사람들은 도시가 예전과 똑
같은 모습으로 주민들에게 돌아오기 전까지는 요구를 멈추지 않았
다. 이것이 바로 1945년의 바르샤바 현상이라고 불리는 것이며, 종종
다른 곳에서도 나타난다.[4] 그와는 반대의 상황도 있다. 1944년 르아
르브는 다른 사고에 입각하여 다른 설계로 기존과 다른 도시를 재건
했다. 그렇지만 도시의 역사적 토대를 이루는 유적인 옛 노트르담 교
회는 상징으로 보존하였다. 문화재에 대한 경애심에서 앞의 경우는
전체를, 그리고 뒤의 경우는 하나의 요소를 재건하였다. 그러나 우리
는 곰곰이 자문해 보아야 한다. 거의 모든 곳에서 재건은 타협의 수
준에 머물러 있다. 해결책을 잘 찾아낸 오를레앙의 예에 비해, 리지
외와 보베, 투르와 툴롱, 생말로의 예는 당황을 금치 못하게 한다. 재
난은 도시와 그 지형 및 윤곽이 기념비적인 건축물의 장점과 얼마나
밀접한 관계를 맺고 있는지를 알게 해 주었고, 그것은 거의 언제나

---

4) [역주] 1944년 8월 바르샤바 봉기 때 독일군은 바르샤바 구시가지의 90퍼센트 이상을
파괴했다. 그리하여 1945년 1월에 폴란드는 '바르샤바 재건안'을 채택하였는데, 폐허가
된 바르샤바를 떠나 새로운 곳에 수도를 세우는 대신 도시를 재건하기로 한 것이다. 당시
의 구호는 "벽돌 한 장까지"였다. 1960년대 중반까지 계속된 바르샤바 재건 프로젝트는
이후 많은 유럽 국가에서 벌이던 도시화 및 보존적 도시 개발의 원칙에 큰 영향을 끼쳤고,
20세기 후반 도시의 통합적 재건 및 복구 기술의 모범이 되었다.(조인숙,「세계유산도시
를 걷다: '벽돌 한 장까지' 살려낸 도시 재건 모범 사례─폴란드 바르샤바」,『신동아』,
2015년 10월호에서 인용)

과거와의 타당한 결속을 찾아내는 결과를 낳았다.

1950년대 말 무렵에는 나라의 경제적 신장과 활발한 근대화가 진행되면서 도처에서 전례 없는 건설과 재정비가 이루어졌으며, 상황은 더욱 악화되고 보편화되다시피 했다. 그 충격은 극단적인 혼란을 불러일으켰고 당국의 예측 부재를 명백히 드러내고 말았다. 확장 계획은 실현되거나 승인받지 못하였고, 존재한다 하더라도 뒤따른 조치가 취해지지 않았다. 결국 팽배한 긴장감 속에 1962년 8월 4일의 중대한 법률적 쇄신안은 처음으로 도시 차원에서 문화재로 정의된 건축 구역을 특별히 취급할 것을 권고하였다. 그것은 몇몇 바람직한 결과를 낳았다. 사를라와 위제에서 건축적 유산에 대한 현명한 대우의 가능성을 열어 준 정책의 효용이 드러난 것이다. 마침내 사람들은 거리들을 구별하고 중심지의 통행을 분산시키며 건물을 집단 단위로 재개발하는, 독일과 오스트리아에서 시행 중인 조치들을 도입하게 되었다.[5] 그러나 이 조치에 의거한 최초의 경험은 우리로서는 잊기 어려운 실로 어처구니없고 심히 당혹스러운 결과를 낳았는데, 바로 아비뇽의 발랑스 구역이 그곳이다. 이 구역의 외관은 전과 동일한(그리고 대폭 손질된) 쪽과 새로운(그리고 양식이 없는) 쪽으로 양분되어 있으며, 그야말로 거북함이 무엇인지를 보여 주는 영구적인 증거

---

5) 행정적인 메커니즘에 대해서는 다음 자료를 참고할 것. "Centres et quartiers", *Les Monuments historiques de la France* 특별호, 1976, n° 6. 또한 다음 전시를 볼 것. "Construire en quartiers anciens", galeries du Grand Palais, printemps 1980.

가 될 것이다.

이러한 질문들의 신뢰성과 문화재의 새로운 차원에 대해 여전히 의구심을 품는 이들이 있다면, 이제 새롭고 평범하기 그지없는 건물들이 옛날 건물들보다 프랑스의 건축 면적에서 차지하는 비율이 더 크다는 사실을 환기시키는 것으로 충분할 것이다. 채 반세기도 못 되어 프랑스의 보잘것없는 대형 건물의 수는 두 배가 되었고, 돌과 벽돌로 된 유산은 콘크리트에 의해 포위되고 자주 잠식되었으며 늘 '격하'되었다. 모든 도시의 주변이 변화를 겪었다. 똑같은 변화가 마을을 덮치고 시골을 변화시키자, 우리는 마침내 '생태학'이라는 이름으로 자연 환경이 처한 현실을 발견하게 되었다. 요컨대 우리가 총체적인 현상에 직면해 있다는 사실, 그리고 그러한 맥락에서 문화재 유산은 몇몇 이들이 예견했듯이 좀 더 뚜렷한 형체와 의미를 지니게 되었다는 사실이 자명해졌다.[6]

대형 건물들이 급속도로 범람하자, 흥미로운 건축 작품은 늘 외피를 거느린다는 사실이 돌연 명확해졌다. 도시 지역에서는 건축물의 주변과 부속물이, 농촌 지역에서는 그것의 입지와 부근이 바로 외피의 역할을 했다. 차츰차츰 물결처럼 이어지고 가다가 어긋난 곳도 있는 '길'이야말로 중요성을 띠게 되었다. 무엇보다 갑작스레 '도시의

6) 예컨대 다음을 참고할 것. H. de Varine, *La France et les Français devant leur patrimoine monumental*, 보고서, Fondation pour le développement culturel, février 1975.

빈 장소'에 대해 쏟아진 관심이야말로 놀라울 따름이다. 그것은 활동이나 생활의 장소로서 광장, 사거리, 기념문, 공원, 정원, 노상 시설들을 의미한다.[7] 이탈리아에서는 로마의 비아 줄리아와 제노바의 스트라다 누오바를 비롯하여 거의 모든 대로가 개별적 연구 대상이 되었다. 스트라스부르에서는 한스 하우크가 에핀로(路)에 관한 연구서를 펴냈다.[8] 연안을 끼고 있는 길의 복합적인 현실에 대한 분석 방법이 심사숙고하여 구상되었다. 시도는 적지 않았다. 많은 주거 밀집 지역에서, 길의 현실에 대한 평가는 사람들로 하여금 더 이상 소홀히 해서는 안 되는 항목 안에 길도 집어넣어야 하는지 자문하게 만들었다. 이에 대한 반응은 매우 뒤늦게 나타났는데, 생생하게 살아 움직이는 분야들은 산업계의 영역에서 분리하는 것으로 결론이 났다. 문화 정책과 시대적 유행에 대한 관심 사이에서 모든 것은 빠르게 변화했다. 그대로 노출된 돌의 구조, 목조 상인방(上引枋), 불규칙한 외형은 근대의 획일성에 대한 반동으로 열광의 대상이 되어, 도시의 구역과 마을의 외관을 바꾸어 놓을 수 있게 되었다. 그렇다면 제법 지속성을

---

7) 다음의 자료를 참고할 것. *Revue de l'Art*, n° 29, 1975, p.83 및 그 이하. 도시의 구역과 큰 마을에서 일시적으로 장식이 소생한 것은 보완적인 현상이며, 1956년, 1960년, 1976년의 CNRS(국립과학연구센터) 콜로키움에서 발표된 과거의 '축제'와 그 장식에 대한 연구에서 그와 유사한 현상을 발견할 수 있다. 또한 다음을 참고할 것. *Les Fêtes de la Révolution*, Clermont-Ferrand, 1974.

8) Publication de la Commision régionale de l'Inventaire général, Strasbourg, 1978.

띤 이 같은 옛것에 대한 매료는 문화재 유산에 대한 조예와 진지한 견해를 담은 근본적인 태도 변화를 뜻하는 것일까? 과연 중대한 변화가 진행 중일까?

농촌의 건축에 대해서도 우리는 마찬가지 이야기를 할 수 있다. 학자들은 오래전부터 농촌의 건축에 관심을 가져 왔다. 하지만 농촌 세계가 사방에서 산업 문명과 접촉한다는 사실이 모든 이에게 명백히 드러난 것은 불과 얼마 전이다. 농촌 건축이라는 최후의 증인을 보호하기 위해 그것을 알아야 할 때가 도래한 것이다. 간행된 연구서들은 전원의 풍경과 생활 속에 들어선 이러한 유형의 건축물과 주거로부터 우리가 배울 것이 무한하다는 것을 증명하려고 애쓴다.[9] 문화재란 무엇보다도 물려받은 형태들의 총체라고 한다면, 이런 농촌의 건축물과 주거를 그것에 포함시켜야 한다. 그렇다면 이 분야를 이해하고자 많은 노력을 기울이는 것으로 보이는 유형학[10]은 보다 간략한

---

9) 프랑스의 여러 지방들을 '토지 차원에서' 연구한 수많은 분석서 중 오브라크 지역에 관한 대규모 조사인 *L'Aubrac, étude ethnographique, lingustique, agronomique et économique d'un établissement humain*, 6 vol., éd du CNRS, 1970~1976과, 좀 더 소규모인 P. 뒤푸르네(Dufournet)의 *Pour une archéologie du paysage*, Paris, 1978(pour un coin du Mâconnais)과 같은 저술들 그리고 켈라(Cayla) 박사의 연구를 언급할 만하다. 농촌 주거 형태의 다양성과 오래됨, 독창성은 *Histoire de la France rurale*, 4 vol., Paris, 1975의 저자들에 의해 그 긴 변화의 과정이 드러나게 되었다. 현재 진행 중인 '프랑스 농촌의 건축((L'architecture rurale française)' 총서는 이러한 건축물에 대해 지방별로 접근한다.(éd. Berger-Levrault, 1977 및 그 이후의 책들)
10) [역주] 유형학은 어떤 이론적 기준에 의거하여 복합적인 현실을 같은 유형으로 분류하

접근 방식을 찾아냈을까? 유형학은 보호하는 데는 유용하지만, 과연 지식을 얻기 위한 최선의 방법이라고 할 수 있을까? 오늘날 가장 유용한 토론 중 하나는 바로 이런 영역의 확장과 더불어 나타난다.[11]

폐허와 중세의 윤곽이 흩뿌려진 역사적 풍경을 통해 정의된 문화재 유산은, 낭만주의가 볼 때 민족의식에 도달하는 둘도 없는 통로였다. 한 세기, 한 세기 반이 지나자 오히려 좀 더 협소한 차원에서 물질적 현실, 즉 '실물 교재'를 통해 우리 사회의 변화를 파악하는 것이 관건이 되었다. 앞의 최초의 정의는 선택된 일련의 탁월한 건축물을 통한 보다 철저한 역사적 연구를 요구했으며, 끊임없이 확장되었다. 반면 새로운 정의는 여러 사물과 관습 가운데 그 어느 것도 놓칠 수 없는 '민속학적인' 관심을 요구한다. 앞의 정의에서는 길고 극적인 격동기를 겪은 후에 국가가 스스로에게 질문을 던졌고, 이제는 사회가 스스로 잊어 가던 자신의 복합성에 놀라고 있다. 이런 면에서 일상적인 일과 처리 방식, 소박한 생활을 대상으로 한 '민간 예술과 전통'에 대한 조사는 둘도 없이 소중한 의미를 지니고 있었다. 이 작업은 지방 박물관과 전문적인 간행물, 새로운 장르의 수집품을 탄생시

여 탐구하는 방법론을 말한다. 고고학, 예술과 건축, 도시계획, 언어학, 심리학, 인류학 등 시도하는 분야가 꽤 광범위하다.

11) 민간 예술과 전통 박물관(Musée des arts et traditions populaires)에 의해 제시된 유형학에 대해서는 앞의 총서 중 사부아(Savoie) 편에 실린 J. 퀴즈니에(Cuisenier)의 서문을 참고하시오.

키는 결과를 낳음으로써 공동의 유산에 대한 의식에 점진적으로 생기를 불어넣거나 다시금 생기를 불어넣었으며, 내실을 다져 주었다.[12] 용도가 바뀐 시각적 사물은 매혹적인 기호, 근면한 삶의 지표, 인간적인 무언가를 보여 주는 것으로서의 가치를 지닌다. 예전의 농장, 작업실, 가게들은 이제 앞선 세대들에게 교회와 유적, 성이 지녔던 것과 동등한 의미를 지니게 되었다. 따라서 골동품상들로서는 행복하게도, 주거의 모든 옛 설비가 수집품 분야에 들게 되었다. 그렇다면 어떤 기준으로 그런 것이 문화재의 영역으로 들어오는가? 전문가들은 예술 작품의 유일성에 반대되는 유형성에 의거해서라고 답한다. 그러나 이 정의는 새로운 접근을 요하며, 아직 불완전하게 정립되었다. 사물과 주거 형태는 민속학적 관점에서 서로 연결된 총체를 형성한다. 그러나 용도와 기능에서 벗어날 때 이 둘은 나뉘게 된다. 인식하는 것과 보존하는 것은 더 이상 예전과 동일한 의미를 지니지 않으며, 동일한 결과를 가져오지도 않는다.

　문화재 보호 단체들은 양차 대전 사이와 1950년 이후에 일군의 지적인 대중이 문화재의 성쇠에 관심을 가졌음을 증명해 주었다. 이 단

---

12) G.-H. 리비에르(Rivière)가 시작한 이 작업과 다양한 그 영향에 관하여 많은 연구들이 학술지에 실렸다. *Museum*(Unesco), *Arts et Traditions populaires* (1957~1970), *Ethnologie française*(앞의 학술지의 바뀐 명칭)(1971년 및 그 이후). 또한 다음을 참고하라. G.-H. Rivière, "Musées et autres collections publiques d'ethnographie", *Ethnologie générale*, Paris, 1968, p. 472 및 그 이하.

체들은 더디게 발전했고, 한정된 분야만을 건드렸다. 아마도 이 단체들은 순전히 정치적인 전략의 관점에서 필요했던 그들 사이의 연합을 결코 조직하지 못함으로써, 그 다양성 때문에 고초를 겪었을 것이다. 그들의 역할은 문화재가 무분별하게 풍비박산 난다고 판단될 경우 행정기관과 당국의 일에 개입하는 것이다. 그리하여 거의 어디에나 작은 임시 단체들이 생겨났고, 그 수는 막대하다. 지방이 처한 어려움과 불화, 논쟁은 다른 어느 나라보다 프랑스에서 훨씬 많았고, 그 이유는 행정 관료와 기술자, 정치인들이 문화재에 대해 일종의 알레르기 같은 부정적인 사고방식을 고집스럽게 고수했기 때문이다. 이 나라 곳곳에서 벌어졌던 격앙되고 때로는 비통한 이러한 논쟁들은 연도순으로 정리해 볼 필요가 있다. 그렇게 해 보면 불행하게도 '당국'의 열악한 교양 수준과 자료 처리의 공백이 명백히 드러날 것이다. 덕분에 확실하게 자료를 제시하는 일도 불가능해졌다. 비위생 구역으로서 오래전부터 철거가 예정되었던 모베르 광장 앞에 있는 파리 중심부 3소구역의 재개발은 시험적 가치를 띠고 있었으며, 이와 같은 몇몇 사업은 운명이 뒤바뀔 날짜를 역사학자에게 제시해 준다.

문화재 보호와 관련한 갈등 가운데 가장 의미심장한 것은 파리 중앙시장을 둘러싸고 십 년간 벌어진 기묘하고도 불행한 논쟁일 것이다. 이미 오래전에 발표되었던 시장의 이전은 아연실색할 예측 불허 상황을 보여 주었다. 도시의 구조에 무관심한 개혁론자들의 밀어붙이기에 이 구역의 모습에 애착을 가지고 상황에 꽤나 정통한 몇몇 이들이 맞서며 대항했다. 오로지 지하와 지상의 통행량에 관한 오래된 문제 때문에 결정된 계획들은 도시의 조직에 대한 매우 불완전한 분석에 기초하고 있었다.

1970년 여름 동안 이루어진 여섯 개의 발타르의 파빌리온의 철거는 따라서 다분히 19세기적인 작업이었다. 그것은 보부르 지역의 평지가 20세기의 '기념물' 건설에 적합한 조건을 갖추었다고 보았던 당국이 필요로 했던 일이었다.[13] 이러한 결정은 오스만의 전통에 부합하는 것이었고, 그 전통은 수도의 사무실에서 실제로 결코 사라진 적이 없었다.[14] 1980년에 다다른 우리의 관점에서 볼 때, 역사가들의 견해로는 여기에 세 가지 실수가 있다.

1930년부터 사람들은 보부르 가와 생마르탱 가를 가르던 낡은 구역을 헐어 내기 시작했다. 커다랗게 입을 벌린 이 터무니없는 빈터는

---

13) [역주] 빅토르 발타르(Victor Baltard, 1805~1874)는 프랑스 제3공화정 시절의 건축가이다. 나폴레옹 3세의 지시로 파리 중심부인 보부르 지역에 12개의 동(棟, 파빌리온)으로 구성된 파리 중앙시장 즉, 레알(Les Halles)의 건축 설계를 맡았다. 기존에 있던 야외 중앙시장을 대체하게 된 레알은 지붕 덮개가 있는 아케이드식 구조물이었으며 재료로는 산업화 시대를 반영하는 철과 유리가 사용되었다. 그러나 과감한 발상의 이 건축물은 철거가 결정되었고 그 자리에는 현재의 포럼 데 알(Forum des Halles)이 들어서게 되었다. 12개의 파빌리온 가운데 파괴를 면한 8번 파빌리온은 보존을 위해 파리 북쪽 노장쉬르마른으로 옮겨져 재조립되었으며, 1982년에는 역사 유적으로 지정되었다. 한편 보부르 지역에는 조르주 퐁피두 센터가 들어섰다.

14) 도시의 성향이 어떻게 변하는지에 대해서는 다음을 참고하시오. *Paris entre 1954 et 1975*, éd. Bastié, Paris, 1975.

말하자면 새 기념물의 부지를 마련하기 위한 것이었다. 그러나 파리 시청의 그 누구도 어느 날 사람들이 마레 지구의 '보전'을 원하게 되리라고는 생각하지 못했다. 두 번째로, 제때에 제대로 된 경고를 받았음에도 정부와 파리 시, 파리교통공사 당국이 순전히 편의를 구실로 세계적으로 알려진 '산업 건축'의 주요 증거물인 발타르의 파빌리온들을 파괴하기로 합의했다는 사실은 시사하는 바가 크다. 그 후 여러 해 동안 사람들은 19세기에 대한 애정에 힘입어 이 사건을 뒤늦게 큰 화두로 삼았다. 마지막으로, 과거의 정치가들이 즐겨 쓰던 방식대로 가장 적절하지 않은 장소에 억지로 기념물을 끼워 넣으려는 생각을 들 수 있다.

그렇지만 상황은 두 가지 흥미로운 방향으로 전개되었다. 선견지명이 있는 집단들의 노력과 지성 덕분에 마레 구역에 대해 '마레 지구'라는 정의가 얻어졌고, 성공적인 재개발이 이루어졌다. 한 구역 '전체'가 고려와 논의의 대상이 되었다. 모든 사람들이 그곳에서 프랑스 '도시계획 공원'의 보배와 더불어 문화재의 가시적이고 매력적인 면모를 돋보이게 하는 조치를 본다는 데 동의했다. 그와 동시에 보존이라는 개념은 더 이상 수동적일 수 없으며 능동적이어야 한다는 사실, 즉 보존한다는 것은 새롭게 정비하고, 사람들이 다시금 정착하게 하며, 활기를 띠게 한다는 의미임을 알게 되었다. 지방의 '보전 지구들'의 실험은 이리하여 훌륭한 보증이자 확신을 확보하게 되었다. 성공은 한 구역 인구의 부분적인 변화가 가져온 모든 어려움을 가로질러 찾아왔다. 무엇보다도, 지적이고 합리적인 건축가들의 엄밀한 감독 없이는 저속하고 요란한 형태의 부자연스러운 보존으로 흘러갈 위험이 있다는 사실이 금세 드러났다. 십 년 전부터 거의 모든 지방에서 창궐한 사이비 과거의 유행은 마치 거꾸로 실행된 귀류법(歸謬法)과도 같다.

발타르의 파빌리온들이 사라진 것은 책임자인 당국자들이 그 역사적, 기술적, 예술적 가치에 대해 완전히 무지했기 때문이다. 여기서도 사람들은 너무나 늦게야 사태를 파악했다. 왜일까? 근본적인 태만함의 이유에 관해 면밀히 분석해 보아야 한다. 에펠 탑과 함께 프랑스 산업 건축의 가장 중요한 증거물로 꼽히는 건축물이 1970년에, 모든 나라에서 철골 건축에 대한 특별한 관심이 두드러지던 바로 그 시기에 프랑스에서 사라져 버렸다. 프랑스인의 사고방식 특유의 일종의 균형 잡기로서, 이 옛날 산업 건축물 그리고 좀 더 넓게는 19세기의 작품에 관한 회한이 생겨났다. 수도권 고속전철 건설을 위한 굴착 공사를 용이하게 하려고 파빌리온들을 파괴하는 실수를 저지른 바로 직후에 말이다. 그러고 나자, 중요한 여러 분류 목록을 만들고 랄루가 건축한 옛 오르세 기차역을 19세기 미술관으로 탈바꿈시키는 일[15]은 그리 큰 어려움 없이 이루어졌다. 이 모든 것은 마치 19세기

---

15) [역주] 건축가 빅토르 랄루(Victor Laloux)의 설계로 1900년에 지어진 오르세 기차역은 1939년까지 중요한 교통 거점 역할을 하였으나, 이후 열차 운행 시스템의 발전을 따라가지 못해 장거리 노선이 다니지 않게 됨으로써 기차역 용도로는 사용되지 못하고 방치되

의 근대성을 대변하는 가장 아름다운 본보기를 '희생'하고 난 다음에
야 다른 본보기들이 큰 어려움 없이 문화재의 영역으로 들어오는 형
국처럼 진행되었다. 심지어 낭만주의 시대에 고딕 예술에 대하여 그
랬듯이, 지난 세기의 '모든' 작품들을 더 이상 역사적인 비판의 대상
이 아닌 양 열렬히 옹호하는 사람들마저 생겨났다. 1950년 무렵까지
만 해도 공직자들이 쉽사리 그랑팔레[16]의 제거를 논할 만큼 상당히
일반화되어 있던 혐오의 감정이 짐짓 놀라운 열기를 수반한 찬미로
바뀌면서, 사람들은 프랑스의 오랜 유산에 포함시켜야 할 새로운 영
역을 발견했다.[17] 이러한 움직임은 비올레르뒤크에 대한 중요한 재
평가를 통해 합당하게 이루어졌다.[18] 사람들이 문화재의 힘과 한계
를 인식하기 위해서는, 요컨대 문화재의 전형이 결국은 지난 시대와
얼마나 깊은 관계를 맺고 있는지를 파악하기 위해서는 이와 같은 문

어 있었다. 그러다 1970년대에 19세기 건축에 대한 관심이 되살아나면서 역사 기념물로
지정되었고, 리모델링을 거쳐 1986년에 오르세 미술관으로 개관하였다. 주로 19세기의
미술 작품들을 전시하고 있다.

16) [역주] 그랑팔레(Grand Palais)는 1900년 만국박람회를 기념하여 센 강의 우안에 건
립되었다. 19세기 말을 대변하는 근대식 건물 중 하나로서, 궁륭 양식의 천장에 철과 유리
를 사용하였다. 파리를 중심으로 활동한 아르누보 양식의 대표적 건축가인 엑토르 기마르
(Hector Guimard)의 건축양식이 사용된 것으로도 유명하다.

17) *Revue de l'Art*, n°15, 1972, éditorial; *Les monuments historiques de la
France*, 1974, n°1, L. Grodecki, P. Lavedan, F. Loyer, B. Foucart.

18) *Viollet-le-Duc*, sous la direction de B. Foucart, galeries du Grand Palais,
printemps 1980.

화재의 역사의 위대한 순간에 대한 축성이 필요했던 것이다.[19)]

'역사 기념물'이란 개념 자체를 재검토해야 한다고 말하는 것은 지나칠 수도 있다. 그래도 그 개념은 이제 보다 광범위하고 공들여 형성된 문맥 안에 놓이게 되었다. 집단이나 개인의 과실과 무능함 또는 악의에 대처하기 위해서는 건축 관련 부서의 거대 건축물에 대한 관리가 필수적이라는 사실이 드러났다. 그러나 본래 상태 그대로의 보전은 관습과 애착, 문화재에 대한 의식에서 생겨난다. 게다가 '기념물'이라는 것은 결코 고립되어 있지 않다. 지난 세기 최악의 오류는 단연코 도시를 구성하는 조직의 연속성을 무시한 것, 거대한 빈 장소들을 증가시킨 것, 수단과 방법을 가리지 않고 광장들을 정형화한 것이다. 삼삼오오 무리를 지어 모여 있던 옛날의 건축 양상에 대한 지테의 논증은 프랑스에서는 사실상 아무런 반향을 얻지 못했다.[20)] 중요한 대건축물에는 언제나 외피가 있기 마련이지만, 그것은 많은 경우에 해체되고 파괴되었다. 아미앵과 랭스 대성당의 경우에는 부속 건물들을 새로운 양식으로 재정비하는 것이 시의적절한 일인지를 놓

---

19) 이것은 아마도 '프랑스의 복원 작업에 대한 콜로키움'의 활동에서 가장 잘 드러날 것이다. *Les monuments historiques*, 특별호, 1977과 비올레르뒤크에 관한 콜로키움, 1980.

20) C. Sitte, *L'Art de bâtir les villes*, 앞의 책, n°79. [역주] 카밀로 지테(Camillo Sitte, 1843~1903)는 오스트리아 출신의 건축가이자 화가, 도시 계획가로 도시의 문화적 속성과 다양한 형태의 길이 만들어 내는 길 중심의 사회적 담화 공간이 무엇보다도 중요하다고 주장했던 인본주의자이다.

고 격렬한 논쟁이 일어났다. 모방과 독창성, "규범에 부합하는" 건축과 "우리 시대의 증거"를 옹호하는 입장이 여러 번 충돌했다. 결국 특별 위원회는 변죽만 울리며 일반적인 법칙이 적용되지 않는 특수한 경우들만 다룰 수밖에 없었다.

이처럼 새로운 관심사들이 축적되면서 1960년 이래로 상황은 변화하여 제법 결정적으로 무르익어 문화재 개발과 관리의 새로운 인자를 출현시켰다. 그것은 바로 균형이라는 인자로서, 국민들의 보다 복합적인 의지를 표현함으로써 근대화의 보편적인 절대적 요청의 속도를 늦추고, 하나의 방향으로 유도하며, 어떻게든 균형을 맞추려는 일종의 문화적 온도 조절 장치였다. 유럽과 신대륙의 모든 국가에서 동일한 현상이 나타났다. 이 현상은 당연히 기술 시대의 무한한 가능성에 대해 품었던 환상의 종말과 동시에 발생한 것이었다. '후기 산업 시대'라고 명명된 이 새로운 시대의 특징으로서 세 개의 대륙에서 나타난 것은 확장, 생산, 소비로 규정된 성장의 효과를 제한하고, 수정하고, 나아가 전도시키는 것에 대한 관심이다. 이 시대는 앞선 시대의 기반을 파괴하고, 자원을 고갈시키며, 그 혜택을 입는 사회의 자연스러운 평형 상태를 위태롭게 한다는 비난을 받았다. 한마디로, 가치의 재분배를 불러온 모순을 부각시켰다. 그리하여 프랑스처럼 문화재의 개념에 대한 이해가 용이한 나라들에서는 문화재라는 개념의 폭이 넓어졌고, 다른 나라들에서는 문화재의 개념과 중첩되거나 그것을 대신하는 생태학의 개념의 폭이 넓어졌다.

그리하여 사람들은 말하자면 기술적, 과학적 차원으로 넘어가게 되었다. 이 분야의 엄청난 발전은 충분한 정보를 갖추지 못한 모든 사회의 허를 찔렀다. 갑작스레 여기저기에서 급소가 드러난 나라에서는 이제 지형학적이고 역사적인 기준의 유효한 정보망을 구축하는 데 매진해야 했다. 그리고 그 응답으로 나타난 것이 1964년 3월 앙드레 말로[21]가 고안한 '총일람표'이다. 막대한 자료를 규합하고 정보 기술을 세심히 활용하며 지방의 전시들을 소개함으로써, 이 총일람표 사업은 아직 연구가 불완전하게 이루어진 복잡한 문화재를 지닌 사회에 적합한 새로운 전략을 예증해 주었다.[22]

그 결과 놀랍고 염려스러우면서도 일어날 법한 일련의 일이 펼쳐졌다. '문화재'라는 명칭이 너무도 다양한 범주의 대상에 적용되자, 그 대상들에 관해 적합한 태도를 취하는 것이 어렵다는 점이 명백히 드러났다. 무용한 것이 파괴되고 폐허로 변하는 것은 자연의 법칙이다. 그러나 문화는 좀 더 높은 차원의 절대적 필요성의 이름으로 이러한 법칙을 무효화하거나 지연시키기 위해 개입한다. 만일 그렇지 않다면, 예를 들어 신도들의 존재라는 자연적인 버팀목을 점진적으

21) 앙드레 말로(André Malraux, 1901~1976)는 작가이자 정치인으로 아시아를 주제로 한 삼부작 소설을 써서 명성을 얻었으며, 그중 『인간의 조건』(1933)으로 공쿠르 상을 수상하였다. 제5공화국의 드골 정권하에서는 정보부장관을 거쳐 프랑스 최초로 문화부장관을 지냈다.
22) 다음 팸플릿을 참고할 것. "L'inventaire général des monuments et richesses artistiques de la France"(ministère de la Culture), 2e éd., 1978.

로 빼앗긴 소성당과 교회들의 거대한 '공원'은 어떻게 되겠는가? 풍
경에 반드시 필요한 이러한 공원은 사라져서는 안 된다. 대안을 찾아
야 한다. 최근 영국에서 발표된 한 조사는 어마어마한 유산의 규모를
계속 강조하면서도 파괴가 불가피하고 재활용이 가능하다는 점을 명
료히 진술한다.[23] 그 내용에 우리는 그저 당황할 뿐이다. 우리는 문
화재에 대한 애착으로 스스로 커다란 어려움을 자초하고 있다. 모든
사회에서 문화재의 상실은 곧 희생이며, 그 보존은 많은 희생을 전제
로 한다는 사실을 통해 문화재가 식별된다는 점을 여기서 상기시켜
야 할 듯하다. 그것은 모든 신성성의 법칙이다.

　지금 우리가 겪고 있는 상황의 급변과 근대 문명에 의해 상상력과
지식에 제공된 수단들이 화려하게 펼쳐지는 일이 동시에 발생하는
것은 우연이 아니다. 이미지가 동반된 자료들뿐만 아니라 지구 관찰
(항공 사진), 지질학 자체, 지도 작성을 위한 연구, 사람이 사는 공간
에 대한 토지 구획 분석, '사람의 손으로 만든' 물건들의 재료와 형태
에 대한 해석으로부터 탄생한 새로운 학문 분야들도 눈부시게 축적
되었다. 여기에 문화재의 중요성에 대한 새로운 증거가 되어 줄 심도
있는 연구의 가능성과 더불어 문화재에 대한 새롭고도 필연적인 접
근법 또한 나타났다.

---

23) M. Binney et P. Burman, *Change and Decay, The future of our churches*,
Studio Vista, Londres, 1977.

이제는 모두에게 익숙해진 하늘의 체험과 당연히 나란히 발전하는 항공 사진 같은 분야는 마치 '용어 사전'처럼 프랑스의 땅을 드러내 주었다. "땅을 깊이 파는 기계식 경작, 경지의 구획 정리, 대도시 근교의 개발, 대규모 공공 공사에 의해 매일 그 실체가 흔적도 없이 사라지는 고고학적이고 역사적인 공공 문화재의 보전은 정확한 지도 제작에 근거한 일람표를 전제로 한다."[24]

세월이 삼켜 버린 문화재를 드러내는 일은 단지 젊은 비행사들과 발굴자들에게만 흥미로운 임무는 아니며, 이따금 농촌과 나아가 도시의 공간 개발에 얽힌 문제들을 올바르게 해결하도록 도와주는 수단이 되기도 한다.

그러므로 학문에 의한 우회는 모든 실증적인 활동에 반드시 필요한 일이 된 것으로 보인다. 산업 문명의 전개에 의한 문화재 유산의 파기에 맞설 유일한 방법은, 바로 그 문명이 '개발'을 망쳐 버리려고 하는 각 분야에서 그것의 훌륭한 장비들을 사용하는 것이다. 이러한 차원의 정보들을 컴퓨터에 수집하는 일의 역설은 바로 이렇게 설명된다.[25] 게다가 과학적인 도구는 세부에 대한 호기심을 높이고 전체

---

24) R. Chevallier, *L'Avion à la découverte du passé*, Paris, 1964. 또한 다음 책을 참고하시오. P. Gascar, A. Perceval, R. Chevallier, F. Cali, *La France, 150 photographies aériennes*, Paris, 1971.

25) 역사적 관점에서 본 예술과 건축에 관한 세계 '용어 사전'이 1980년 3월에서 1983년 봄까지 3단계에 걸쳐 뉴욕 트로이에 있는 렌셀러 폴리테크닉 대학교에서 작성될 예정이다. 이와 같은 누가적인 형태의 작업의 괄목할 만한 발전은 우리 영역에 어느 정도의 정당성을

의 발견을 도움으로써 지식인들에게 부족했던 주의력을 생겨나게 할
수도 있다. 예전에는 건축물과 마을, 유적지가 서로 연계되어 있는
그토록 많은 전시를 지방이나 파리에서조차 한 번도 본 적이 없었다.
건축물과 마을, 유적지의 관계는 한 사회의 기억의 토대를 구성한다.
왜냐하면 그 관계는 땅을 빚어낸 자연과 그것의 해석물인 문화가 서
로 교차하면서 틀 자체의 유기적 결합을 이루도록 해 주기 때문이다.
경험된 것에 대한 애착에는 널리 알려진 것의 영향력이 더해지기 마
련이다. 모든 것은 이 가능성 위에서 이루어진다.

　최근 확장되고 있는 문화재의 개념 안에는 몇몇 재산뿐 아니라 우
리의 실존을 좌우하는 요소들, 이렇게 말해도 된다면 삶과 생존을 좌
우하는 요소들까지도 포함시켜야 할 것으로 보인다. 따라서 사람들
은 이제 지질학적, 생태학적, 동물학적, 식물학적 문화재 그리고 당
연히 유전학적 문화재를 논하게 될 것이다.[26] 19세기가 낳은 낙관론
의 종말은 경험과 실패와 노력이 켜켜이 축적된 어두운 본질에 눈을

부여해 주며, 컴퓨터에 관한 최근의 한 보고서에 담긴 널리 알려진 견해는 이를 명확히 해
주었다. "한 사회의 문화적 모델은 그 사회의 기억에도 의존한다. 다른 이들(이를테면 미
국의 은행들)에게 이러한 집단적 기억을 조직하는 수고를 맡겨 버리고 거기서 예금처럼 그
기억을 찾아 쓰는 데 만족한다면, 그것은 문화적 소외를 용인하는 것이다."(S. 노라(Nora)
와 A. 밍크(Minc))
26) 사실상 불가항력적인 이러한 확장에 대해서는 다음을 참고할 것. A. Chastel, "Les
nouvelles dimensions du patrimoine", *Cahiers de l'Académie d'architecture*,
1980.

뜨게 해 주었는데, 그것은 현재의 주도권을 장려하는 동시에 억제하고 있었다. '실존주의' 철학은 바로 이 담론에 천착했다. 한 유명한 철학자는 "실존의 근본적인 속성"[27]인 정주(定住)에 관해 깊이 고찰하였다. 이것은 앙드레 르루아 구랑이 이미 이야기하였던 것이다.[28] 그로부터 인간의 경험으로서의 '장소'와, 서로에게 반사적으로 화답하는 형태와 이미지들의 총체로서의 '실존적 공간'에 더 높은 가치를 부여하게 되었다. 공간의 점유는 인류의 커다란 과제로서 나타난다. 모든 대규모 건설 작업은 어떤 의미에서는 그것이 전제로 하는 사회의 질서를 강화하는 일이며, 또 한편으로는 그것이 실행되는 인간의 질서를 강화하는 일이기도 하다. 이미 주어진 것, 물려받은 것과의 대면은 우리의 진실에 필수 불가결하다.

역사는 순환하는 것처럼 보인다. 어쨌든 전 세계적 차원에서 그렇다. 거대한 성소들은 그리스도교에게 그 실존의 명백하고 필수적인 증거였고, 순례 행렬은 모든 나라의 신도들을 그곳으로 이끌었다. 서양의 의식에는 이렇듯 특권적이고 양도할 수 없는 종교적 문화재의 집합체가 존재했다. 20세기의 대중 문명에서는 관광 명소들이 그 바

---

27) M. Heidegger, "Bauen, Wohnen, Denken", *Vorträge und Aufsätze* II, Pfullingen, 1954; trad. fr. Paris, 1958. C. Norberg-Schulz, *Existence, Space and Architecture*, Londres, 1971.

28) A. Leroi-Gourhan, *Milieu et techniques. Évolution et techniques*, Paris, 1945, rééd. 1950.

통을 이어받았다고 생각할 수 있다. 국내와 국제 관광이 '위대한 문화재에 대한 숭배'의 뒤를 이었고, 관광 역시 그 대상의 파괴자가 될 수 있다.

국제연합교육과학문화기구(UNESCO, 유네스코)가 후원하고 국제 기념물유적협의회(ICOMOS, 이코모스)가 적용하는 '세계 예술 걸작'이란 개념은 고대의 보편주의가 고안해 낸 '세계의 불가사의'라는 매혹적인 목록으로의 회귀를 뜻한다. 1972년 유네스코는 '세계 문화유산과 자연유산 보호 협약'을 채택하였다. 이 협약은 원조 정책을 결정하는 것을 목표로 하며, 그러한 정책은 이집트 필라이와 베네치아(1973), 보로부두르와 모헨조다로(1974) 등에서 괄목할 만한 성과를 거두었다. 세계 문화유산의 개념이 구체화하면서, 사람들은 우선적으로 채택된 대건축물의 목록 작성에 착수하였다. 이 새로운 '세계의 불가사의' 목록은 1979년 10월 이집트의 룩소르에서 열린 '세계 유산 위원회'의 회기 말미에 출판되었다.[29] 전문가들의 감독 아래 이와 같은 활동은 계속되고 있다.

새로운 기준의 장을 마련해 줄 이러한 주도적 행동은 몇 가지 고찰을 초래한다. 문화적 재산이란 개념은 문화재 재산의 개념과 혼동되지 않으며, 혼동되어서도 안 된다. 예를 들어 수집품이나 민족학의

---

29) *Bulletin Unesco*, n°15, avril 1980: "Patrimoine culturel de l'humanité". 목록에 관해서는 다음을 참고할 것. *Le Monde*, 6 novembre 1979.

증거물들은 관심을 받아 마땅한 문화적 재산이거나 혹은 그러한 문화적 재산이 될 수 있다. 그러나 그렇다고 해도, 은유가 아니고서는 그런 것들이 문화재의 요소로 보이지는 않는다. 그것도 문화재가 항상 학문적 지식이 아닌 다른 것에 의해 규정되는 상황일 때 말이다. 그러한 상황은 제3세계의 많은 나라들이 그들의 지역적 이익에 따라 '문화재'를 이룰 수 있는 기념물과 건축물 군(群), 유적지를 지정하기에 이르는 희한한 상황을 만들어 냈다. 이러한 사회들의 실제적인 뼈대를 이루는 전통과 관습의 체제는 서양의 여러 나라들에 비견될 기념비적인 상징들의 질서를 내포하고 있지 않았다. 그래서 그런 질서를 급조해야 했다. 이것은 품위의 문제이다. 책략은 명백히 드러나고야 만다.

프로이트의 말에 따르면, 사랑의 열정은 개인의 정신 구조만큼이나 집단의 정신 구조에도 내재되어 있다. 만일 어떤 정서적인 애착이 지난 세계 속에 존재할 이유가 있었던 건축물과 사물에 우리를 이어주고 있다면, 그건 아마도 그 건축물과 사물의 유일성이 기호로서의 명백한 가치보다는 그것들로 인해 시공간적 확장과 지속성이 증명되는 활동에서 비롯되기 때문일 것이다. 그러한 건축물과 사물들은 기호와 상징의 자궁으로서 우리에게 주어진다. 모호한 신성화 없이는, 우리는 이러한 작품들의 면전에서 똑같은 감동을 느끼지 못할 것이며, 그것들의 흥망성쇠 앞에서 똑같은 고통을 느끼지 못할 것이다. 이것은 분명 불가지론의 시대에만 가능한 일이다. 여러 종류의 사용

145

가치와 교환 가치에 대하여 행해지는 유용하지만 지나치게 단순한 구분은 확장되어 상징 가치에게 자리를 내어주어야 한다.

자료 10

'아르콜의 고수'가 보전되다.

얼마 전까지만 해도 사람들은 19세기의 '조각을 향한 광기'를 한탄하면서, 그 영웅적이고 과장된 상징체계를 공개적으로 조롱하곤 했다. 이 광기는 분명 1870년 파리코뮌 패자들의 원한을 해소하기 위한 기분 전환으로(사람들은 청동 조각에 화풀이를 하곤 했다) 제3공화국 평화기에 생겨났으나, 죽은 자들을 위한 기념물을 이유로 갑작스럽게 프랑스 전체에 지방의 공적에 대한 숭배를 일으켰으며 프랑스 역사에 다양한 지역 주민 공동체를 삽입시켰다. 이것이야말로 강력하게 표면화된 현상으로서(쥘 페리가 주창한 공화제 교육에서 이미 확실히 예견되었다), 언젠가는 흥분과 조롱을 거두고 신중히 연구해야 할 주제이다.

이러한 현상에 힘입어 조각들은 지역 문화재의 일부가 되었다. 앙시앵 레짐은 사람들에게 교회를 제공했고, 누보 레짐은 죽은 자들과 유명 인사들에게 기념물을 부여하였다.

문화재가 문화재로서 표면화되는 것은 그것을 보호해야 한다는 것을 상기하게 될 때이다. 파리에서는 십여 개의 청동 조각상(그리고 콜레주 드 프랑스의 베르텔로의 두상)이 점령자가 명령하고 피점령자가 전반적으로 찬동하여 용광로에 던져지기 전에 몰래 사취되었다. 우리는 이 특별한 주제에 관해 장 콕토가 쓴 유명한 글을 알고 있다.(『죽음과 조각』, 1946년과 1977년에 피에르 자양의 사진과 함께 출판되었다.)

나폴레옹 군대의 고수였던 앙드레 에스티엔을 기려 카드네에 세워진 '아르콜의 고수' 조각상

같은 시기, 보클뤼즈의 작은 농촌은 파괴 행위에 반발하였다.

1943년 9월, 독일인들은 이 고장의 용맹한 자손인 앙드레 에스티엔을 기리기 위해 카드네 광장에 놓인 청동 조각인 '아르콜의 고수'를 받침대에서 내려놓게 했다. 다섯 명의 이 고장 사람은 이 조각을 용광로에 던지게 놔둘 수 없다는 결정을 내렸다. 저항할 수 없는 운동감으로 생동하는 조각가 아미의 이 작품이 예술품으로서 가치가 없는 것은 아니나, 분명 미적 판단이 그들을 인도한 것은 아니었다. 오히려 고장의 정신적인 문화재와 그것의 영혼을 어느 정도 구한다는 표현할 수 없는 감정과, 한 시골 촌락을 그 자손 중 하나의 영웅

심과 이어 주는 무언가가 그들을 인도한 것이다. 그것은 또 다른 세대의 레지스탕스의 전조이기도 했다. 밤을 기다려 그들은 용광로로 향하기 위해 놓여 있던 창고에서 조각상을 탈취하여 들판에 묻었다가, 곡물 창고로 가져와 밀짚 아래 감춰 두었다. 1945년 5월 8일, 조각상은 승전 축제의 주인공이 되어 세상에 나왔고, 얼마 후 10월 7일에는 본래의 자리에 다시 설치되었다. 얼마나 많은 주요 예술품이 모든 '문화적인' 테두리를 벗어나 이와 같은 자기 방어 반응의 대상이 되었을까?

결론

이례적인 '역동성'을 보이는 미국의 박물관들을 연구한 한 역사가에 의하면, 우리는 건설과 수집의 시대에서 보존과 감상의 시대로 넘어가고 있는 중이다. 보다 명확하고 보다 제한된 의미의 이러한 소유는 박물관에 관한 우리 시대의 새로운 모토가 될 것이다. 거의 모든 나라에서 놀라운 발전을 보여 준 박물관은 어떤 의미로는 문화재의 꽃이며, 세계 모든 문화에 속한 요소들을 국가의 유산과 연결해 준다.

우리 시대의 특성 중 하나는 아마도 '사유화'의 완만한 감소일 것이다. 여기서 '사적인' 영역은 누군가가 작품을 외따로 조용히 소유하고 있을 가능성을 내포한다. 어쨌건 개인 소장품이 공적 영역으로 천천히 합법적으로 귀속되는 것,[1] 고저택들이 다수의 방문객들에게 점진적으로 개방되는 것(영국 내셔널 트러스트[2])의 실험은 그 예 중하나다)은 이러한 현상을 대변한다. 이것은 귀족의 영지 및 재산의 변화와 관계가 있으며, 그 변천은 아직 끝나지 않았다. 오늘날의 정반대 경향과는 매우 다르게, 문화재란 개념은 명백한 여러 이유로 인해 오랫동안 필수 불가결한 몰수의 의미를 지니고 있었다. 하지만 다른 사회 계급들, 즉 프티부르주아와 장인, 농민에게 문화재의 개념은 실제로 존재했을까? 그저 좁고 불확실한 의미만을 지니고 있지 않았을까? 지난 세기에 국가가 계획한 공적인 형태의 문화 정책은 프랑스 공동체 특유의 지방의 쇠퇴와 맞물려 가장 서민적인 계층에서 흥미롭고 유명하며 보존 가치를 지닌 재산들의 테두리 바깥에 있다는 감정만을 강화하였다. 그러한 재산은 '순수 예술'의 이름 모를 고귀한 세계에 속하거나, 이 세계의 행복한 사람들에게나 속하는 것 같았다.

우리는 문화재 개념의 확장이, 그러한 가치를 빼앗겼다고 믿을 법했던 사람들로 하여금 돌연 그 가치들을 발견할 수 있게 해 주는지 자문해 볼 수 있다. 사람들이 그들에게 지어 준 '에코-박물관' 앞에서 오늘날 지방과 농촌 주민들, 장인들은 어떠한 반응을 보이는가? 멀찌

---

1) 다음의 전시를 참고할 것. *Défense du patrimoine national, oeuvres reçues en dation*, 1972~1977, préface de M. Aicardi, musée du Louvre, 1978.
2) [역주] 내셔널 트러스트(National Trust)는 영국에서 1895년에 설립된 민간 차원의 공공단체이다. 잉글랜드, 웨일스, 북아일랜드 지역을 대상으로 역사적인 의미가 있거나 자연미가 뛰어난 곳을 취득, 보존, 관리하며 일반인들에게 개방하는 일도 맡아서 진행한다.

감치 바라보던 그들의 교회와 성 앞으로 외국인과 관광객을 끊임없이 실어 나르는 관광 일주에 대해 어떻게 반응하는가? 영향력 있는 협회나 총일람표가 주관하는 전시회 앞에서는 어떻게 반응하는가? 얼마 전부터 쓰지 않아 창고에 놓아두었다가 국립민속전통예술박물관[3) 관리자나 지나가는 골동품 상인이 수집한 할아버지의 연장들, 총일람표 작성 직원이 사진으로 찍은 곳간이나 소성당은 '여전히' 할아버지의 연장이고, 옛날의 주거 또는 대건축물이라고 할 수 있는가? 위상이 격상된 이후에 이 사물들을 가족이 모여서 관찰한다면, 그것들은 과연 어떤 숨겨진 변화를 겪은 것일까? 문화재의 요소가 된 사물은 성질과 기능이 변화한다. 다른 역할을 하게 되는 것이다.

그것은 바로 문화재의 이름을 드높이는 역할이다. 문화재는 거대한 영역이 되었고, 오늘날 피할 수 없는 상업의 탐욕이 손을 뻗어 섬세한 이들의 관심과 현지인들의 애착을 다시금 두 동강 내려 하고 있다. 예전에는 마멸되거나 소멸되도록 방치되었던 이러한 물건과 재산의 가치에 대한 재평가는 모든 이에게 수용될 수 있을까? 사용되지 않는 물건과 허수아비, 기념품들로 이루어진 이 새로운 공동묘지 앞에서 빈정거리고 적당히 시간을 보내면서 어쩌다 특이한 아름다움과 세상에서 떨어져 있는 느낌에 감동을 받는 것 이외의 감정을 느끼려

---

3) [역주] 프랑스민속전통예술박물관(ATP, Musée National des Arts et Traditions Populaires)은 1937년 조르주 앙리 리비에르에 의해 설립되었다.

면 많은 소양과 열의가 필요하다. 사람들은 문화재가 제대로 고증되고 잘 분류된 자료들을 통해 명확해질 것이라고 이야기한다. 그러나 문화재는 바로 우리와 관련된 것이고 일종의 수천 년의 에너지 창고이므로, 깊은 잠에 빠진 박물관의 물건들이 한순간에 복구해 낼 수 없는 소환과 유혹, 풍미에 의해서만 의미를 지닌다. 기억은 소유보다는 향유를 통해 승리한다. 오늘날의 세대는 아마도 이런 면에서 조상들의 방치와는 다른 새로운 해결책을 가지고 있을 것이며, 지금껏 우리는 그 이유에 대해 설명하려 애썼다. 하지만 그렇다고 해서 인류학자 한센[4]이 미국의 이민자들에 관해 천명한 "아들이 잊고자 하는 것을 손자는 기억하길 원한다"는 법칙을 떠올려서는 안 된다. 이 법칙은 오시타니아 사람들[5]처럼 오래된 문화에 깊은 애착을 가진 몇몇 집단에도 적용이 가능하고, 일반화하기 쉽기 때문이다. 세대들 간의 끝없는 단절과 연속, 그것이야말로 문화재 최후의 과제이다.

---

4) [역주] 마커스 리 한센(Marcus Lee Hansen, 1892~1938)은 미국으로 이주한 스웨덴 출신의 인류학자로 미국의 역사를 연구하였다. 그의 연구에서 비롯된 한센 법칙은 "아들이 잊고자 한 것을 손자는 기억하려고 애쓴다"는 문구로 간단히 요약되는데, 이는 '이주민 3세대가 지닌 관심의 원칙'을 공식화한 것이다. 2세대 이주민은 새로운 집단의 삶의 방식에 순응하는 과정에서 압력을 경험한다면, 3세대는 사회에서 안정감을 얻고 선조와의 동질성을 찾을 수 있는 자유를 누리게 된다는 것이다.
5) [역주] 오시타니아는 오크어가 쓰이는 지역을 의미하는데, 역사적으로 프랑스 남부 지역 전반을 가리키며 로마 후기에 로마인들의 지배를 받았던 곳이다. 오크어는 중세 중기부터 라틴어와 경쟁할 정도도 행정과 법률적인 용어로 매우 널리 사용되었고, 많은 문학인들을 배출하면서 근대까지 중요한 문화적 유산의 원천이었다.

부록1 : 참고 도판

1. 종교와 문화재
   도판 1~4 참고.

2. 군주제와 문화재
   도판 5~12 참고.

3. 가문과 문화재
   도판 13 참고.

4. 국가와 문화재
   도판 14~19 참고.

5. 행정과 문화재
   도판 20~25 참고.

6. 과학과 문화재
   도판 26~29 참고.

1. ⟨생드니의 보물⟩, 왕실 사료 편찬관 펠리비앙을 위해 게라르가 제작한 판화,
『프랑스 생드니 왕실 수도원의 역사』, 파리, 1706, pl.IV, p.543.

2. ⟨오를레앙의 생트크루아 대성당의 폐허⟩, 에티엔 마르텔랑주의 수채 데생,
파리, 국립도서관 판화실, 데타이외르 소장품.

3. 〈로카마두르 교회〉, 검은 성모상.

4. 〈1787년 철거 당시 파리의 죄 없는 자들의 교회 내부〉, 소브르의 수채화 펜화,
   파리, 카르나발레 박물관.

5. 〈성왕 루이의 왕관과 마르그리트 왕비의 상들〉, 베르나르 드 몽포콩을 위한 판화,
『프랑스 군주제의 기념물들』, 파리, 1729~1733.

6. 『잔 데브뢰의 기도서』, ffos 68v°-68, 〈예수의 십자가형과 동방박사들의 숭배〉, 뉴욕, 클로이스터 박물관.

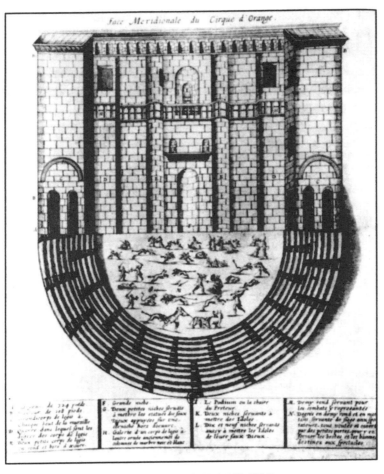

7. 〈오랑주의 고대 극장〉, 판화, 1600년경, 파리, 국립도서관 판화실.

8. 〈쿠시 성〉, 자크 앙드루에, 『프랑스의 가장 뛰어난 건축물들』, 파리, t.1, 1576.

9. 〈트롱페트 성의 입체 모형〉, 파리, 입체 모형 박물관.

10. 〈파리 생탕투안 문의 부조〉, 위는 1920년경, 아래는 1980년경의 상태,
파리, 클뤼니 박물관(1993년부터는 에쿠앙 성에 전시됨).

11. 카트린 드 메디치의 점성술 기둥 형태의 망루, 1980년의 상태, 파리, 상품거래소

12. 〈죄 없는 자들의 샘〉, 옛날 배치, 판화, 17세기, 파리, 국립도서관 판화실.

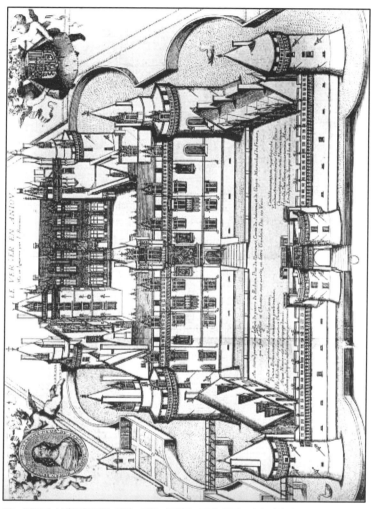

13. 〈베르제 성〉(멘에루아르 지방), 판화, 17세기, 파리, 국립도서관 판화실.

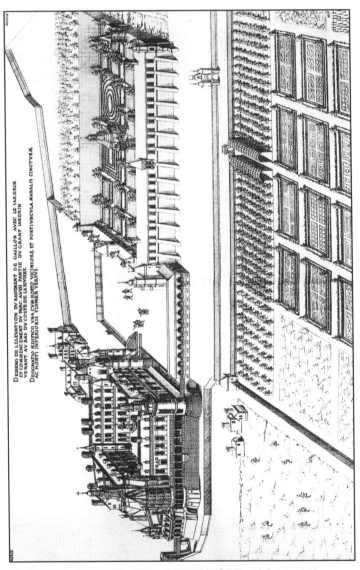

14. 〈가이용성〉, 자크앙드루에, 『프랑스의가장뛰어난건축물들』, 파리, t.1, 1576.

15. 가이용 성의 매각을 알리는 표시판(앞 페이지 참고).

16. 〈혁명기의 반달리즘으로부터 생드니의 기념물들을 구해 내는 알렉상드르 르누아르〉,
프랑스 기념물 박물관에서 출판한 카탈로그 5판에 삽입된 판화(1800).

17. 위베르 로베르, 〈프랑스 기념물 박물관 방문〉, 파리, 루브르 박물관.

18. 〈두상 n° 6〉, 1977년에 발견된 파리 노트르담의 조각, 개인 소장,
클뤼니 박물관에 위탁됨.

NORMAND (Charles), pension-
naire de la République,
rue du Parvis Notre-Dame, n°. 9.

513. Modèle d'une colonne départemen-
tale, projetée pour Melun, chef-
lieu du département de Seine et
Oise.
Deux cadres renfermant des plafonds
arabesques gravés à l'eau - forte.
Même numéro.

———

PETIT RADEL, inspecteur-géné-
ral des bâtimens civils,
rue de la Cerisaie, n°. 16.

514. Vue intérieure d'un temple égyptien.
515. Vue d'une galerie précédant une nau-
machie.
516. Destruction d'une église, style go-
thique, par le moyen du feu.

Pour éviter les dangers d'une pareille opéra-
tion, on pioche les pilliers à leurs bases sur
deux assises de hauteur; et à mesure que l'on
ôte la pierre, l'on y substitue la moitié en
cube de morceaux de bois sec, ainsi de suite;
dans les intervalles, l'on y met du petit bois,
et ensuite le feu. Ie bois, suffisamment brûlé,
cède à la pesanteur; et tout l'édifice croule sur
lui-même en moins de dix minutes.
L'auteur a voulu présenter, dans ces trois
tableaux, le parallele des architectures romaine,
égyptienne et gothique.

19. 프티 라델, 〈불을 질러 고딕 교회를 파괴하기 위한 지침〉, 공화력 8년(1800)의
살롱 카탈로그.

20. 루앙의 생투앙 수도원 성당, 그레구아르에 의한 파사드 복원 계획, 파리,
    역사 기념물 기록 보관소.

21. 베즐레의 마들렌 성당, 서쪽 파사드, 복원 후의 상태.

22. 블루아 성의 계단, 1851년 정부의 역사 기념물 사진 기록 계획의 일환으로 찍힌 사진, 파리, 사진 기록 보관소.

23. 메소니에, 〈튈르리의 폐허〉, 콩피에뉴 성 박물관.

24. 복원된 생미셸드퀴자 수도원, 뉴욕, 클로이스터 박물관.

25. 〈콜마르 보호지구의 타뇌르 거리〉, 위는 예전, 아래는 현재 상태(건축가 B. 모네와 A. 파슈).

26. 1970년 철거되기 이전 파리 중앙시장의 발타르 파빌리온 중 하나.

27. 코르드(타른 지방), 요새화된 마을의 전경.

28. 몽도팽의 요새, 항공 사진.

29. 툴루즈, 근대식 건축물에 둘러싸인 중심가의 항공 사진.

부록2: 프랑스 연대표

연대	사건	시대
BC 6000년경	신석기 시대	선사시대
BC 1800년경	금속기 시대	
BC 700년경	켈트족, 갈리아 땅에 들어옴	
BC 58-51	카이사르의 갈리아 정복	로마 지배
4세기	프랑크족이 갈리아 땅에 들어옴	
476	서로마제국 멸망	
481	클로비스가 프랑크 왕국 초대 왕위에 오름	메로빙거 왕조
511	파리가 프랑크 왕국의 수도로 세워짐	
732	아랍 세력, 푸아티에에서 참패	
751	피핀 왕의 카롤링거 왕조 개시	카롤링거 왕조
771	샤를마뉴 왕의 단독 통치 시작	
800	샤를마뉴가 레오 3세에게 서로마제국의 제관을 받음	
843	베르됭 조약으로 왕국 분할(서프랑크 왕국)	
987	위그 카페가 왕위에 오름	카페왕조
1095	제1차 십자군 결성	
1180	필리프 2세 즉위, 파리의 새 성벽과 루브르 궁전 건설	
1214	부빈 전투, 영국과 독일에 승리해 왕권 강화	
1270	루이 9세 사망	
1299	몽트뢰유 전투	
1328	필리프 6세에 의해 발루아 왕조 개시	발루아 왕조
1337	프랑스와 영국 간에 백년전쟁(-1453) 발발	
1348	흑사병으로 인구의 3분의 1이 사망	
1356	영국군, 푸아티에 전투에서 프랑스를 격퇴시킴	
1358	북부 프랑스에서 자크리의 봉기	
1360	영국과 프랑스 간의 브레티니 조약	
1429	잔 다르크의 활약으로 오를레앙 해방	
1453	카스티용 전투로 백년전쟁 종결	
1482	아라스 조약으로 부르군트 공국 통합	
1515	프랑수아 1세 즉위, 프랑스 르네상스를 이끎	
1537	프랑수아 1세, 출판 인쇄물 중 2부를 왕립 도서관에 제출하게 하는 공개장 제정	
1561	프랑스 종교전쟁(-1598) 발발	
1572	성 바르톨로메오 축일의 학살	
1589	앙리 3세 암살	

1589	앙리 드 나바르가 왕위에 오름(앙리 4세) 부르봉 왕조 개시	
1594	남서부에서 크로캉 농민 봉기 발발	
1598	낭트 칙령, 베르뱅 조약	
1618	30년 전쟁(-1648)	
1622	몽펠리에 평화조약	
1643	루이 14세 즉위	
1648	베스트팔렌 조약으로 30년 전쟁 종결 프롱드의 난(-1652)	
1661	망사르의 설계로 베르사유 궁전 건설 개시	
1667	왕위 계승 전쟁 발발(-1668)	
1672	네덜란드 전쟁 발발(-1678)	
1685	퐁텐블로 칙령	부르봉 왕조
1688	앤틸리스 제도를 둘러싸고 영국과 대치(-1815)	
1689	아우구스부르크 동맹 전쟁 발발(-1697)	
1701	스페인 왕위 계승 전쟁 발발(-1713)	
1713	위트레흐트 조약	
1715	루이 14세 서거, 오를레앙 공작의 섭정(-1723)	
1740	오스트리아 왕위 계승 전쟁 발발(-1748)	
1751	〈백과전서〉 간행 시작	
1755	7년 전쟁(-1763), 프랑스는 캐나다를 잃음	
1778	미국의 독립 전쟁에 합세(-1783)	
1783	베르사유 조약으로 약간의 식민지 획득	
1789	프랑스 혁명(-1799)	
1792	제1공화정 시작, 모든 성인 남성에게 투표권을 주는 헌법 제정	
1794	테르미도르 반동, 로베르피에르 실각	제1 공화정
1795	총재 정부 수립(-1799)	
1799	브뤼메르 18일의 쿠데타로 나폴레옹 집정(-1804)	
1804	나폴레옹 황제로 등극	제1제정
1806	영국에 대한 대륙 봉쇄 시작	
1814	나폴레옹 퇴위, 루이 18세 즉위	복고왕정
1815	나폴레옹의 '백일천하'	
1830	7월 혁명으로 루이 필리프 즉위(-1848)	7월왕정
1842	철도 시대 개막	

1848	2월 혁명으로 루이 필리프 망명 제2공화정 개시, 6월 노동자 봉기, 12월 루이 나폴레옹이 대통령이 됨	제2 공화정
1851	루이 나폴레옹이 쿠데타를 일으킴	
1852	나폴레옹 3세에 의한 제2제정 시작	제2제정
1853	센 지사 오스만 남작의 대대적인 파리 개조	
1870	프로이센-프랑스 전쟁 개시(-1871) 나폴레옹 3세가 포로로 잡힘	
1870	제3공화정 시작	제3 공화정
1871	파리코뮌, 알사스와 로렌을 독일에 빼앗김	
1881	초등교육 의무화, 무상화, 비종교화(-1882)	
1887	프랑스령 인도차이나 성립	
1894	드레퓌스 사건(-1906)	
1905	정교 분리법	
1914	1차 세계대전	
1919	베르사유 조약 체결, 알사스와 로렌 회복	
1939	2차 세계대전	
1940	비시 정부 성립, 대독 협력	
1946	제4공화정 시작	제4 공화정
1954	알제리 전쟁(-1962)	
1958	제5공화정 시작	제5 공화정
1962	알제리 독립	

옮긴이의 말

이 책 『문화재의 개념』의 번역 작업은 건국대 HK연구팀이 진행하고 있는 프랑스 명저 번역 사업의 일환으로 시도된 것이다. 현재 한국에서는 문화재에 대한 대중적 관심이 부쩍 커지고 있으며, 이것은 문화재에 대한 개념적인 정의를 새롭게 들여다볼 필요성을 낳고 있다. 연구자들에 의하면 근대적인 개념의 문화유산 보전에 관한 생각이 우리나라에 등장한 것은 일제 강점기이다. 따라서 문화재의 개념은 일본에 의해 국내로 유입되었고, 해방 이후에는 그 개념을 토대로 손상된 문화재의 보수와 수리 등 문화유산에 대한 실제적인 보전 작업을 진행하였다. 그러나 아직 우리 실정에 알맞은 문화재 보존 이론은 정립되지 못한 상태이다. 이러한 문제의식을 계기로, 문화재에 대한 오랜 고찰을 담은 두 학자의 연구를 소개하는 뜻깊은 작업으로서 이 책의 번역을 맡게 되었다.

저자인 앙드레 샤스텔과 장 피에르 바블롱은 공히 프랑스 금석학 아카데미 회원으로 활동하였고, 프랑스의 문화재 연구와 보전에 큰 역할을 한 학자들이다. 르네상스 미술 전문가로 알려진 앙드레 샤스텔은 파리고등사범학교를 거쳐 파리4대학(소르본) 문학부에서 미술사 학위를 마쳤으며, 이후 프랑스고등연구원장과 소르본 대학의 미술과 고고학 학사원과 콜레주 드 프랑스의 교수를 지냈다. 그는 학문적 활동과 더불어 앙드레 말로가 문화부장관으로 재직하던 시절에 진행된 프랑스 문화재 목록화 사업(1964~1974)의 핵심 인물로도 활동하였다. 장 피에르 바블롱은 프랑스의 고등교육 전문 기관인 국립 고문서 학교와 에콜 뒤 루브르에서 수학하였으며, 프랑스고등연구원에서 학위를 마쳤다. 근대 프랑스사와 건축사 전문가인 바블롱은 고문서 관리와 박물관 관리 및 문화재와 관련한 여러 주요 공직을 수행한 인물이다. 문화재에 대한 전문적인 지식을 갖추고 행정적인 실무를 거친 두 지식인의 사유를 담은 이 책은 문화재 개념에 대한 새로운 접근 방식을 제시하는 것을 목적으로 한다. 문화재의 개념은 한 국가의 역사와 관련된 다양한 시대적 사건 및 현상들과 깊은 연관이 있으며, 특권적인 지위를 얻게 된 사물들과 그에 대한 사람들의 태도 및 규칙과도 관련을 맺으며 형성된 것이다. 따라서 저자들은 문화재의 개념은 법률적인 정의만으로는 설명할 수 없으며, 복합적인 현실이 빚어낸 복잡한 관계 속에서 파악하여야 할 문제임을 설명하고 있다.

한편 이 두 학자의 프랑스어 문장은 상당히 함축적이어서, 되도록 원문의 성격을 보존하면서도 의미의 전달을 위해 많은 부분 의역을 하였다. 또한 우리에게는 낯선 인물과 사건, 장소, 건축물 등이 자주 등장하기 때문에 충분한 역주를 달아 독자들의 이해를 돕고자 했다. 이를 위해 우선 보편적으로 사용되는 온라인 백과사전인 위키피디아 불어판과 영어판 및 우리나라의 여러 온라인 백과사전을 기초적으로 활용하였다. 그리고 전문 사이트의 설명을 일부 참고하였으며 이 과정에서 복수의 사이트에 설명된 내용들을 교차 검증하는 방식을 취했다. 일부 내용은 외국의 논문에서, 또 다른 일부는 전문서적의 설명에서 도움을 받았다.

이를테면 1장에 등장하는 베네딕트 성인과 관련한 일화를 설명하는 데는 위키피디아뿐만 아니라 폴 게랭 신부의 저서인 *Les Petits Bollandistes, Vies des saints*, tome 9(Paris, Bloud et Barral, 1876)에서 도움을 받았다.(이 저서는 전체 15권의 시리즈로 집필되었는데 그중 9권에 실린 수도원장 모뮬에 관한 내용을 참고하였다.) 보두앵 2세와 생루이를 둘러싸고 일어난 성유물 매매에 관한 유명한 일화는 위키피디아(불어판) 및 'Dictionnaire ecclésiastique et canonique portative', 'Architecture religieuse en occident'과 같이 종교적 건축물만을 전문적으로 소개하는 사이트를 참고하였다. 파리 쇼세당탱에서 발견된 프랑스 혁명 당시 파괴된 노트르담 대성당의 조각상들에 관해서는 클뤼니 중세 박물관 사이트에서 소장품에 대해 제공하는 정보를 참고하였다. 부르주의 생트샤펠의 경우에는 위키피디아 외에도 'l'Encyclopédie de Bourges' 등 복수의 사이트의 설명을 참고하였다. 그리고 'Miracula'와 'mirabilia'라는 용어의 용례에 관해서는 프랑스의 라틴어 전문가인 안 라파랭 뒤피(Anne Raffarin-Dupuis)의 논문 "MIRACULA, MIRA PRAECIPUA, MIRABILIA: Les merveilles de Rome de Pline à la Renaissance"를 참고하였다.(인터넷 학술지 *Camenae* n°2, 2007) 신고전주의와 낭만주의 미술에 대해서는 한국어로 이미 번역되어 있는 W. 타타르키비츠의 『미학의 기본개념사』 (미술문화, 2006) 등을 활용하였다.

2장의 경우 성 마르티노의 유명한 일화에 관해서는 위키피디아를 참고하였고, 그와 관련된 용어 '카파(cappa)'와 '샤펠(chapelle)' 또는 '카펠라(cappella)'에 관해서는 각각 아베 폴 포생(l'abbé Paul Fossin) 이 저술한 *La Cappa ou chape de saint Martin à Bussy-Saint-Martin* (Paris, Saint-Martin, 1897)과 스위스 출신 문헌학자인 폴 애비셔(Paul Aebischer)의 논문 "Esquisse du Processus de dissémination de Capella en Italie"(Union Académique Internationale, Bruxelles, Belgique, 1930)의 도움을 받았다. 팔라디움, 팔라디온, 라바룸에 대해서는 위키피디아 외에 'The Catholic Encyclopedia_New Advent'의 정보가 유용하였다. 또한 대관식에 사용되는 왕관에 대한 내용은 미술사학자 다니엘 가보리 쇼팽(Danielle Gaborit-Chopin)의 논문 "Les couronnes du sacre des rois et des reines au trésor de Saint-Denis"(Persée, Bulletin Monumental, Tome 133 N°2, année 1975)을 참고하였다. 이 논문은 특히 신구교 간의 종교전쟁 당시 노획된 샤를마뉴의 왕관에 얽힌 일화를 이해하는 데 도움을 주었다. 루이 14세

시절에 사라진 주조물들에 관한 자료는 지젤 고드프루아(Gisèle Godefroy)와 레몽 지라르(Raymon Girard)가 공저한 *Les orfèvres du Dauphiné, du Moyen Age au XIXe siècle*(chapitre VI)(Genève, Droz, 1985)에서 얻은 것이다. 그리고 필리프 2세와 리처드 1세 간의 유명한 프레트발 전투와 왕실 문서 수장고의 탄생에 관해서는 위키피디아를 기초로 하여 복수의 인터넷 자료를 참고하였다.

3장에서 6장까지 인물에 관한 역주들은 앞서 설명하였듯이 위키피디아와 한국의 백과사전을 동시에 활용하였다. 3장의 클리송 저택과 루브르궁-박물관 재정비 계획, 4장의 프랑스 기념물 박물관, 5장과 6장의 빅토르 발타르의 12개 파빌리온에 대해서도 위키피디아의 도움을 기초적으로 받았다. 5장의 나폴레옹 3세 시절의 파리의 도시계획에 관해서는 국내의 논문 자료들을 활용하였으며, 프랑스미술보호협회에 관해서는 해당 협회 사이트('Sauvegarde de l'art français')가 제공하는 정보를 참고하였다. 자료의 역주 중 중세의 생자크 기사관에 대해서는 프랑스 학자인 장 세몰(Jean Cheymol)의 "Hôpitaux et confrérie des pèlerins de Saint-Jacques-de-Compostelle à Paris"(1979년 프랑스 의학사학회에서 발표된 자료)를 참고하였다. 쥘리앵 온천장의 경우엔 쥘 레오나르 벨랭(Jules-Léonard Belin)의 *Le palais des thermes et l'hôtel de Cluny. Notice* (Paris, Belin le prieur, 1836)와 위키피디아를 포함한 복수의 전문 사이트 자료를 참고하였다. 설명된 일부 장소와 건축물에 대해서는 장 자크 제스페르(Jean-Jacques

Jespers)가 쓴 지명 사전인 *Dictionnaire des noms de lieux en Wallonie et à Bruxelles*도 참고하였다.

짧은 책이지만, 번역을 해 나가면서 관심 있는 주제에 대한 이해와 학문적인 시각을 얻을 수 있었다. 또한 오랜 시간 파리에 유학하면서도 정작 그곳의 다양한 문화재와 그 역사적 자취에 대해 무지했었다는 자각도 일었다. 이러한 자각은 우리나라의 문화재에 대한 새로운 이해를 쌓는 데도 원동력이 되어 줄 듯하다.

끝으로 많지 않은 경험에도 번역을 맡겨 주신 건국대 문화콘텐츠학과의 김동윤, 김기덕 두 분 선생님께 깊은 감사를 드린다. 특히 문화재에 대한 이해를 도모하는 의미 있는 기획에 참여할 기회를 열어 주고 감수를 맡아 주신 김동윤 선생님께는 거듭 고마운 마음이다. 또한 꼼꼼한 교정 교열 작업과 더불어 출판을 위해 애써 주신 아모르문디 출판사 분들께도 감사의 말씀을 드린다.

인왕산 밑에서

김예경

찾아보기

문화재의 개념

초판 1쇄 펴낸 날 2016년 6월 30일

지은이 | 앙드레 샤스텔·장 피에르 바블롱
옮긴이 | 김예경
펴낸이 | 김삼수
편 집 | 김소라, 신중식
펴낸곳 | 아모르문디
등 록 | 제313-2005-00087호
주 소 | 서울시 마포구 월드컵북로12길 20 보영빌딩 6층
전 화 | 0505-306-3336 팩 스 | 0505-303-3334
이메일 | amormundi1@daum.net

한국어판 ⓒ 아모르문디, 2016 Printed in Seoul, Korea

ISBN 978-89-92448-44-4   94920

※ 이 도서의 국립중앙도서관 출판예정도서목록(CIP)은 서지정보유통지원시스템 홈페이지(http://seoji.nl.go.kr)와 국가자료공동목록시스템(http://www.nl.go.kr/kolisnet)에서 이용하실 수 있습니다.(CIP제어번호: CIP2016015474)